U0066058

一行禪師　真正的家

365天每日智慧

the everyday wisdom of thich nhat hanh

YOUR TRUE HOME

一行禪師Thich Nhat Hanh＿著　馬文麥克里Melvin McLeod＿編　鄧伯宸＿譯

一顆腦袋，

可以思索一粒微塵，

也可以探索整個宇宙；

一顆心，

隨著萬物心跳的節奏而躍動。

從一片麵包，

可以看到陽光，

看到雲，

看到大地。

所以，

一片在手的麵包便是生命的一項奇蹟。

它為我們而生，

我們當為它而活。

和所愛的人爭吵時，
請閉上眼睛，
觀想三百年前的自己。
等睜開眼睛，
你就只會想要相互擁抱，
並知道彼此是何等的珍貴了。

每一天我們都在行奇蹟，
甚至不知道，
藍天、
白雲、
綠葉、
兒童好奇的黑眼睛、
以及自己的雙眼，
全都是奇蹟。

如果我們連自己都不能傾聽，

又怎麼可能去傾聽別人呢？

如果我們連自己的痛苦都不認識，

就不可能給自己的人際關係帶來平和與和諧。

無常可是好消息。

若非無常，

一切皆不可能。

因為無常，

變化之門才一一打開。

應該說：

「無常萬歲！」

無常是我們解脫的利器。

想要閒得自在，
並不是件容易的事。
什麼事情都不做時，
還能喜樂、放鬆、微笑，
那你一定很強。
閒著時，
我們更能體驗存在的品質。
不做些什麼，
是有意義的事。

地獄就在日常生活，
一如上帝之國。
選擇則在於你。

編者序

　　本書彌足珍貴，是當代偉大精神導師的洞察，真知灼見盡在其中。

　　洞察之為物，是一種微妙不可言說的體驗。洞察之來，勢若閃電，並無絲毫徵兆，有如雲天頓然洞開，照亮下方風景，之前觀念上的隱晦與困惑為之豁然開朗。這種當下直接洞見實相的經驗，可以改變人的一生，雖然極不尋常，卻又不失其平凡。

　　洞察之來，會在什麼時候，又為何會在那一瞬間，或許無法知道，但自有方法可以令智慧生起。法門之一就是：沉思偉大的精神導師如一行禪師的智慧。身為佛門宗師，禪師窮其一生鑽研與禪修，就是要將自己所得的洞察傳給我們。以佛教的傳統來說，傳承可以是多年之功，也可以立地見道。一言一語，一擊一吼，或如本書三言兩語的真知灼見，都足以振聾發聵。

　　但話又說回來，師父引進門，修行在個人。因此，本書的教導將會帶來什麼樣的影響及好處，如何閱讀本書也

就成了極為重要的關鍵。

　　每講到真知灼見，一般人總以為複雜無比，需要千言萬語才能說得明白，但實際上，情形正好相反：簡單的話語往往最為雋永。本書的教導雖然篇幅短小，但其背後，深厚的論據俯拾皆是，只不過，經過當今佛教界這位舉足輕重的宗師抽絲剝繭，書中所見無非佛教——以及人生——的精要，其中不僅寓意深遠，令人振奮，發人深省，而且充滿了智慧與教誨，值得讀者深層涵詠於肺腑之間，可以醞釀智慧，帶來真正的轉變。

　　以無常的概念為例。如果單純從知識層面看——匆匆過目，隨即放過——看來無甚出奇，或許也沒什麼大意義。但無常確實是佛教的中心思想，因為否定無常正是眾苦之源。如果真能對無常做一番用心的觀想，切實看清自己與周遭世界的不斷變化、相即互有，以及沒有定性，誠如一行禪師所言，人生便將為之改變，變得歡喜、愉悅而奇妙。再看本書的另外一個核心思想：活在當下，不要讓自己迷

失在過去或將來的迷思中。乍看之下，不過又是一個新世紀（New Age）的陳腔濫調。但若能夠真正落實，這卻是禪修的精髓，也是回歸真正的家——一行禪師所謂當下——的坦途。

對一般人來說，或許正因為這些教導太過於簡單，反而變得難以理解。大家總以為，真理定然十分複雜而且遙不可及，所以對於什麼才是對的，反而變得無所適從。

因此我們必須打好基礎，當洞察呼之欲出時，才能把握那稍縱即逝的寶貴時刻。閱讀本書不宜急著觀想與修行，道理在此。以我來說，每讀書中一段短文，便覺得自己是坐在大師面前，親耳聆聽他開示最重要的教導。讀此書便不妨選擇這種方式，或許會有相同的體驗，所得益處或將倍增。

所以我建議大家要慢讀要細讀，甚至一日一或二則，品味觀想其中的深意。我就有過這樣的經驗，早晨小酌的篇章，滲入意識，終日不散。其中的智慧微妙地點染了我

的經驗，洞察與警醒彷彿不請自來，而且來得總是時候。所以請給這些偉大的教導時間和空間，或許也能得其縈繞之樂。

本書中的教導約可分成兩大類：洞察與開示。有些洞察清楚而明白，直指實相本質，揭露現象、心性、精神、痛苦與開悟的真實本質，所涵蓋的題目既深且廣，包括相即互有、空、無作、佛性與涅槃，盡得佛教智慧之精要。

另外則是對各種禪修所作的開示，從正念、智慧到慈愛與慈悲，對正念靜坐、呼吸與行走等修持多所提點，同時，對於如何把禪修之心落實到日常生活，從改善人際關係與療癒感情創傷，到促進世界和平與保護環境也有所著墨。禪修開展智慧，洞察則改變人生與世界，使之更為美好。一切全在當下。

所有這些教導的多樣性與深度，充分反映了這位佛教宗師不平凡的一生。禪師年少為僧，十六歲在越南出家入寺。勤修精研佛法，發心改革，很快在越南佛教界成為一

股進步的力量，在入世佛教運動中領袖一方，推動越南的和平與社會正義。身爲活躍的反戰運動家，越戰期間致力和平運動，由於立場中立，以致兩面不討好，但卻得到馬丁・路德・金恩的提名，角逐諾貝爾和平獎。一九七六年，遭越南驅逐出境，不准返回故鄉，長達三十九年。

　　如今，一行禪師擁有眾多弟子，廣布世界各處，所著七十餘本書籍，從學術論文、禪修指南到心理學、兒童讀物與有關當代重要社會及政治問題的評論，嘉惠數百萬人。集禪師、政治家、人道主義者、詩人與入世佛教運動領袖於一身，禪師融其智慧與歷練於人生，當今之世無人能出其右。

　　非常榮幸能夠主編這個集子，這還要感謝我香巴拉出版公司（Shambhala Publication）的同仁，尤其是大師一行禪師。這些智慧有如寶石，改變了我的人生，可以受用一年，可以受用一生。

真正的家

365天每日智慧

真正的家

真正的家就在此時此地，不受時間、空間、國家或種族的限制。家，不是一個抽象概念，而是任何時候都可以讓人感受得到，可以安身立命的狀態。正念與專注，佛陀的能量，可以讓人完全放鬆身心，當下就找到真正的家。

零零貳

百分之百

　　真正地活著。日常生活中，每一時刻都做百分之百的自己。這乃是好佛教徒禪修的精要。每個人都明白自己可以做到，所以不妨自我訓練，深刻活出日常生活的每一刻。所以我把正念定義為：幫助每個人百分之百活出自己的力量，是使每個人活得真切的力量。

奇蹟

在我們周遭，生命隨處在迸發奇蹟——一杯清水、一束陽光、一片葉子、一隻毛蟲、一朵花、歡笑、雨滴。只要活得清明，便可以看到奇蹟無所不在。每個人都是多項奇蹟的合成。眼睛，可以看上千種顏色、形狀和狀態；耳朵，既聽到蜜蜂飛翔也聽得見霹靂迅雷；一顆腦袋，可以思索一粒微塵，也可以探索整個宇宙；一顆心，隨著萬物心跳的節奏而躍動。當生活把我們磨得精疲力竭或心灰意冷時，所有這些奇蹟，我們或許視而不見，但它們永遠都在那兒。

宇宙的使節

　　每當一片麵包在手，便應當仔細看它，對它微笑。因為這片麵包是宇宙的使節，為我們帶來飽足與營養。深入去看這片麵包，可以看到陽光，看到雲，看到大地。沒有陽光，麥子無法生長。沒有雲，就不會有雨水滋養麥子生長。沒有大地，萬物全都無從生長。所以，一片在手的麵包便是生命的一項奇蹟。它為我們而生，我們當為它而活。

行禪

人應覺知到自己是真的活著，真的在這裡的事實。活著而能行走於這美麗的星球上，這就已經是在成就一項奇蹟。但唯有活在當下，奇蹟才有可能。唯有把自己帶回到此時此地，每一步也才成其為奇蹟。若能這樣行走，則一步一滋養，一步一療癒。行走，有如以腳親吻大地，以腳按摩大地。修持行禪，便是充滿慈愛的修習。

專注

————

　　觀想東昇旭日，愈是用心專注，旭日之美便愈為淋
漓盡致。現在，有茶一杯，是清香爽朗的好茶。但若飲
時分心，別有旁鶩，自然無法真正領略其芬芳。唯有飲
時用心於茶，專注其間，才能盡得茶的香氣與風韻。正
念與專注為快樂之本，原因在此。一個好的修行者，一
日之中的任何時刻，都懂得如何去創造歡樂時光和歡喜
之情，原因也在於此。

人生之苦

　　深入去看萬物的本質，便可以發現一切皆是無常。萬物存在，瞬息在變。也就是說，每涉足一次河水，河流就已經不再是同一條河流。想要在河中找到任何不變的東西，實屬不能。同樣的，我們的肉身也是如此。我之為物，本來便無。在所謂的「身體」裡，本來就沒有一個絕對恆常的東西。人因為無知，才以為自己裡面有一個我；正因為這種無知，人才受累吃苦。如果深切觀照，覺照自己的裡面本來無我，一切苦，自解脫。

自性

　　自性者，真如實相之謂。觀念與想法都無法如實地說明真如實相。涅槃者，終極的實相，超越一切觀念與想法，因此無可言喻。涅槃就是一切觀念的終結。

　　人生的苦，多數都是觀念與想法生出來的，若能超越這些觀念，焦慮與煩惱也就消失。涅槃者，終極的實相，亦即佛，是不生不滅的本相，是完全的解脫。

我已到了

我們總認為，快樂只存在於未來。正因為如此，修持「我已到了」才見其重要。明白自己早已經到了，便不再需要長途跋涉，既然已經到了，便可以安心喜樂。快樂的條件每個人都已經俱足，只要活在當下，便可以得到。

蓮出汙泥

苦中自有所得，這乃是確切不移的事。沒有苦便不
知其樂。沒有汙泥便生不出蓮花。因此，懂得吃苦，苦
便無妨。一旦想通這層道理，苦便無從苦人。苦中自有
歡喜的蓮花綻放。

無願

佛教有一開示,看似奇怪,那就是教人無願(梵文 apranihita)。無願的意思就是對未來沒有嚮往,沒有追求。但實際上,人人都有所願,不是要這就是求那,只要尚未得到,便不快樂。

這種想法必得打破,必得改弦更張才行。做人不妨學學花朵。每朵花都明白,自身一切俱足,包含整個宇宙,不會想要變成別的東西。就人來說,道理相同。每個人內裡自有佛,根本無需外求。

波與水

人生有兩個面向，二者都必須觸探。其一如波，是所謂的「流變面向」。另一如水，是所謂的「根本面向」，亦即涅槃。通常我們只會去接觸波，但等到我們發現如何可以接觸水時，也就證得禪修的正果了。

零壹參

超越恐懼

　　菩薩和我們所有人一樣，立足同一個場域，亦即這個生死、無常、有我的世間，但因為行深層修持，照見了無常與無我，得以直探終極面向，超越因有與無、一與多、來與往、生與死而生的恐懼，乃能安於生死之波，守住水的本性。

零壹肆

我為你而在

　　佛教修習的核心，是培養我們對生活的覺知，在每一刻，深刻地接觸當下的生命。我們要為自己而在，為親愛的人而在，為生命中所有奇蹟而在。佛陀修習的教導清晰簡單：「我為你而在」。

愛的根本

若不懂得照顧自己並愛自己，便不可能照顧自己的
所愛。愛自己乃是愛其他一切的根本。

溫柔擁抱痛苦

不要抗拒痛苦；不要抗拒焦慮或猜忌，要非常溫柔地將之擁抱，彷彿擁抱小嬰兒。你的憤怒就是你自己，不應跟它作對。同樣地，對自己所有的情緒，也都應當如此。

成為菩薩

認真修持，除自己的苦，除他人的苦，我們也可以成為菩薩，成為覺者，幫助家人、朋友與同事，幫助他們如菩薩般表現；這樣做，是為整個世界，是為眾生的喜樂。若能透過修持而成為菩薩，周遭的人便會明白，原來美、真性情與真愛都是可以成真的。如此生活，可以喜樂，並將感動別人效法。

下一個佛

二千六百年前，釋迦牟尼佛授記下一位成佛的是彌
勒佛，慈愛之佛。我認為，彌勒佛並不是一個個人，而
是一個群體。現今這個時代就需要一個優質的群體，幫
助我們對抗邪道。正念生活可以保護自己，有助於自己
走平安的道路。有朋友共修，同樣平安可期。

花與垃圾

　　花與垃圾本質上都是有機的。因此，觀照一朵花的本質，可以見到肥料與垃圾。花也會變成垃圾，但用不著害怕！你是園丁，可以用自己手中的力量將垃圾轉變成花朵、果實、菜蔬。既然連垃圾都不嫌，因此，任何東西都不會丟棄，並會用雙手將之轉變成花朵、萵苣或黃瓜。

　　同樣地，歡喜與懊悔也是如此。懊悔、恐懼及沮喪全都是一種垃圾。這些垃圾也都是真實生活的一部分，應當深入觀照其本質。只要修行，就可以把這些垃圾變成花朵。愛是有機的，恨也是。因此，無論什麼都無需丟棄，所該做的，學會如何把垃圾轉變成為花朵而已。

有朋來訪

有朋友遠道來訪，我們飲一杯茶水。用心共度的每一時刻都將成為難忘的時光。放下生意，不想將來，唯將心思專注於這共處的時刻。由於充分覺知朋友的存在，縱然只是一杯茶水也是一種享受。因為正念，故能深深品味每一刻的歡喜。

生活並非達到目的的手段

正念行走，每踏出去的一步便不再是達到目的的手段。走到廚房去做飯，心裡本不用想：「要準備食物，我得走到廚房去。」只要正念走路，便可以告訴自己：「我正在享受走到廚房的這幾步路。」每一步本身都是終點，過程與目的之間沒有分別。快樂本無道路，快樂就是道路。開悟本無道路，開悟就是道路。

正念之燈

人人內心有一盞燈，正念之燈，隨時可以點亮。燈油則是每個人的呼吸、腳步及祥和的微笑。點亮這盞正念之燈，可以驅除黑暗，而修行就是在點燈。

所愛之人所受的苦

若能夠用正念的力量控制自己的憤怒、憂愁與恐懼，便能夠找到苦的根源，才能夠對自己所愛之人所受的苦感同身受。正念使人不遷怒所愛之人，因為正念使我們理解，自己之所愛也在受苦。

愛的書信

正念的力量在內心起作用，足以讓人寫出一封真正的愛的書信，和另外一個人水乳交融。真正的愛的書信有見解，有體貼，有愛憐，非如此，就不是愛的書信。真正的愛的書信可以在另一個人的內心製造轉變，因此，也可以在世界製造轉變。但在另一個人的內心製造轉變之前，必須先在自己的內心製造轉變。有些信寫起來，或許要花一輩子。

選擇性灌溉

———————————

修持深層觀照，我們就能夠鑑別善種子，每日灌溉，並訓練自己不去灌溉惡種子，這就是所謂的「選擇性灌溉」。這方面，佛陀教導了一些法門，甚至只要修行幾天，就能夠帶來轉變。

五蘊的主宰

無論在自己的存在領域或構成存在的主要成分五蘊
（梵文 skandhas），我們都是自己的主宰。五蘊就是五種
要素，亦即色（身體）、受（感覺）、想（知覺）、行
（心理）、識（意識）。修行的目的就是要深層觀照這
五種要素，發現存在的真正本質，亦即苦、樂、平安及
無懼的真正本質。

靈性的世紀

　　有些人預言，二十一世紀將是靈性的世紀。我個人認為，如果人類要活下去，那就非要有一個靈性的世紀才行。今天的社會，太痛苦，太暴力，太絕望，太混亂，太多煩惱。如果沒有靈性，人類怎麼活得下去呢？

快樂的種子

一個人快樂與否,關鍵在於心意識中的種子。如果
慈悲、理解及愛的種子強健,這些特質就會彰顯出來。
如果嗔怒、仇恨及憂悶的種子旺盛,活著便是痛苦。

要了解一個人,就要去弄明白,這些儲藏在他心意
識中的種子是什麼樣的質地,並要記住,一個人之所以
會有這樣的種子,該負責的並不只是他一人,包括他的
先人、父母及社會也都脫不了干係。明白這個道理,我
們才會對這個人生起慈悲心。唯有用理解和愛,我們才
知道如何去灌溉自己的及別人的善種子,並找出受苦的
種子,設法加以轉變。

正念生活的藝術

　　正念生活是一種藝術。修持正念，不一定要出家，任何時候都行，甚至開車或做家事時都可以。正念開車，可以使在車上的時間好過，也可以避免行車意外。紅燈，不妨當作正念的信號，提醒你停車並享受呼吸之樂。同樣地，飯後整理餐具也可以正念呼吸，如此一來，洗碗也會變得既有趣又有意義。相反地，如果做什麼都用趕的，那就無異於把時間給浪費了。洗碗也好，做其他的日常工作也罷，花下去的時間都很寶貴，點滴都是生命。修持正念生活，日常行止中，平安自盛放。

無始無終

人總是趨生避死。但按照佛的教導，萬物皆來自無始涅槃。因此，我們又何必執此避彼呢？在終極的層面，本來無始無終。我們總以為，有些東西可以抓取，我以外，還有其他東西，但實際上，當下已經俱足。

清楚覺知自己的身體

　　坐禪的第一要務就是要清楚覺知自己正在端坐，唯
其如此，才能進入平靜、安穩、自在的狀態。身體的狀
態，無論坐行站臥，自己都能清楚覺知。自己的動作，
無論起身、彎腰或穿上外套，自己也都要能夠清楚覺
知。覺知可以使我們回歸自我，充分覺知自己的身體，
活在當下，人便身在真正的家中。

常變

────────

　　無常與無我並非負面的生命現象，而是生命的根本面向。無常，萬物常變是也。若非無常，便不可能有生命。無我則是萬物相即互入的本質。若非相即互入，萬物便不可能生存。

偉大的智慧

　　大乘佛教的偉大的智慧：人人可以成佛。悉達多所成就的，無分男女，無分社會階級族群，無分出家在家，每個人也都能夠成就。完全開悟成佛是人人都具備的能力。一旦走上完全開悟成佛的道路，每個人便都是菩薩。

佛陀之所教

四十五年間，佛陀一再說的，無非：「我所教的，不過受苦與脫苦而已。」一旦認清自己所受的苦，佛——人人心中的佛——便會看見那苦，找出那苦帶來的痛，並開立行動的處方，將苦轉變成為平安、歡喜、自在。受苦是佛陀用來釋放自己的手段，也是每個人得以自由的方法。

惱人的問題

———————————

　　每當問到「我是誰？我從哪裡來？我值得嗎？我的
生命意義何在？」等惱人的問題時，因為執著於孤立的
我這個概念，苦便升起。但若修持深層觀照，便可以修
無我，了解自己並非是一個孤立的我，而是與先人及一
切存在相連的。

世世代代都平安

　　活著，我們生活的方式，要能讓內在的祖先和後代得到解脫。歡喜、平安、自在、和諧並非是一個人的事。如果在我們之內的祖先得不到解脫，我們一輩子都會被繫綁著，並把這些繫綁傳給兒孫後代。這事現在就要做。解脫他們就是在解脫自己。這是相即互入的道理。只要我們內在的先人仍然受苦，我們也就不會快樂。正念踏出一步，自由自在接觸大地，便是在做給前後的世代，他們會與我們在同一時刻抵達，我們全都會在同一時刻找到平安。

歡喜成佛

　　成佛並不是什麼難事。佛就是開悟之人,能愛能理解。大家都知道,有的時候我們自己就是如此。因此,歡喜成佛吧。坐下時,讓你內在的佛為你而坐。行走時,讓你內在的佛為你而走。歡喜修行。你不成佛,誰成佛呢?

停止思慮

把注意力完全專注於吸氣與呼氣，很自然地就會停止思慮。出入息一兩分鐘之後，吸氣與呼氣的品質便得到改善。無論臥坐或行走，呼吸都會變深、變慢，更為和諧，更為平和。修持正念呼吸，身體可以得到和諧平靜。

零參玖

心魔

在此一當下，此時此刻，你有難題嗎？用心觀察自己的身體、感受及心理。有煩惱嗎？如果發現當下並無任何難題，千萬不要讓過去如魔鬼般支配你。不要讓過往的投射或者讓未來壓倒我們，因為這些都只不過是鬼魅。隨時都要訓練自己回歸當下。這是我們的修行，我們的道路，是和解的方法。

真正的修行

　　深層修行的意思就是要真正的修行，修行絕不只是形式而已。修行若是認真，必會為自己及身邊的人帶來幸福、平和與安定。事實上，我更喜歡真正的修行這個說法。對我來說，修行應該是歡喜的事。真心修行當下就可以帶來生命。修持正念呼吸，當下就會變得生機盎然，變得如如真實，而且不只是靜坐、行走時會如此，甚至做早餐或從事任何活動時都會如此。做早餐時如果懂得正念呼吸，面帶微笑，那就是在培養自在——免於思慮過去或憂心未來的自在——活潑、歡喜、慈悲。那才是真心修行，其效果當下可見。

無願

———————

　　一旦超越身內身外諸想，自然就會明白，我們想要
追求的目標，自己早已經俱足，無須再於時間或空間中
追求，當下就已經可以得到。觀想無願非常重要。想要
的目標已經達到，無須再做任何追求。自己已經足夠。
自己已經是一切。

佛步

———

　　一開始，我們或許以為，一定要有一個人，才能夠
有呼吸，一定要有一個人，才能夠有步行。但事實上，
行走、呼吸本自俱足，根本不需要一個行走者，一個呼
吸者。只要留心，自會發現，行走自行走，呼吸自呼
吸。

　　在我們的心目中，佛的行走，其實就只是行走而
已，但卻是高品質的。因為那行走是喜悅的，是用心的
行走——充滿歡喜平和。佛就是呼吸。佛就是行走。

禪修的兩個面向

　　深入觀察禪修，可以發現兩個面向，其一，是止，
然後是觀。一旦達到止，整個人便為之穩定專注，可以
看見現下的種種，看見事物啟發智慧的本質。理解了這
一點，可以從苦中得解脫。

本已俱足

　　佛陀說知足，就是認清自己此時此地已經俱足快樂的條件，不再需要欲求別的。知足，梵文作 samtusta，意思是：對於既有之物，不嫌其少。一旦回歸當下，看見自己所擁有的快樂條件，自會發現，一切已經多於當下快樂之所需。我們大可停止追求，因為，就算得到了自己所欲的目標，我們還是不快樂，還會想要追求別的。

橋梁

———————

呼吸是連接生命與心意識的橋梁,是連接身體與思
想的橋梁。不論什麼時候,心若散亂,用呼吸就可以把
心再行攏住。

諦聽與愛語

　　若要行止得宜，就要以理解作為基礎，關於這方面，諦聽與愛語大有幫助。諦聽只有一個目的，那就是讓對方全然傾訴心事。這本身就已經是一種解脫苦的行為。能夠止息痛苦，不管多小，便是和平的行動。滅苦之道，關鍵在於理解，在行動上不去傷害眾生，或者造成更多的痛苦。這便是慈悲的作為，是對自己的最佳保護。

開悟的心

菩提心就是開悟的心,亦即初心。當我們受到啟發,發願修行,轉化自己的苦,並幫助身邊許多受苦的人,那一刻的心,非常之美,就是菩薩心。菩薩者,為解救眾生而成就了解脫的人。有時候,初心又稱為「慈悲心」,因為我們修的就是慈悲。我們不僅要轉化自己的苦,得到解脫,更要幫助其他人轉化並解脫苦。

享受無所事事的片刻

　　如果可能，找片刻時間坐下來，隨便什麼地方都好，停下來，享受無所事事，就只是享受呼吸。不要被思慮、煩惱或心事拖著跑，就只是坐在那兒享受無所事事，享受自己的呼吸，享受自己活著，並可以有二十或三十分鐘的時間，享受無所事事這件事。療癒、轉化、滋養，盡在其中。

一片葉子

於我掌心,有一片葉子。你看到了什麼?就一片葉子,不是別的,不是一朵花。但事實上,觀照這片葉子,卻可以看見許多東西。可以看見樹,看見陽光,看見雲,看見大地。當有人說到葉子這個詞時,我們應當想到,一片葉子是由許多非葉子的要素合成的。如果拿掉這些非葉子的要素,諸如陽光、雲、泥土,也就不會有葉子了。我們的身體和自我也是如此。相對於別人,我們雖不是同一,但也不是截然無關。我們與萬物相連,萬物皆有生命。

根本原則

─────────────

　　我們可曾浪費自己的時日？可曾虛擲自己的生命？
這些問題至關緊要。禪修，就是要我們每一時每一刻都
清醒。無論修持靜坐、修持行禪，定要用心做到完美。
一天裡面的其他時間，照樣也要修行。這雖然有點難，
但卻是可以做到的。靜坐或行禪必須延伸到日子裡非行
禪非靜坐的時刻。這是禪修的根本原則。

微細動作

弟子努力要把修行帶進生活中的每一時刻,師父卻只是默不作聲觀察。弟子覺得自己沒有受到充分注意,但一舉一動都逃不過師父的法眼。弟子是否「覺醒」,師父一清二楚。

譬如說,弟子關門如果大聲或隨便,那就表示沒有用心。輕輕地關門本身並不是什麼了不起的大事,但留心自己正在關門這件事卻是老實修行。碰到這種情形,師父只會提醒弟子關門時要用心,要輕。這樣做,除了尊重寺院的安靜外,也在於告訴弟子,沒有好好修持正念,行為才會不夠莊重或斯文。據說佛教要修的「微細動作」有九萬種之多。所有這些動作與行為都是正念的表徵。

容易受傷

和兒童一樣，我們都很容易受傷。父親對我們板個臉，可以讓我們難過半天。母親的一句重話，也可以令我們傷心好一陣子。和小孩一樣，我們有好多好多的情緒，卻不知道如何表達，我們拚命嘗試，有時候就算找到了字眼，周圍的大人卻不聽，聽不進去，或根本不讓我們開口。

我們大可以回家，去找到自己，跟自己裡面的那個小小孩講話，也聽他講話，並直接對他做出回應。我就是這樣做的，即使我並不缺少父母的愛與照顧。這種修行對我極有助益。那孩子還在那裡，而且可能還在傷心。回去吧，去安慰、關愛、照顧自己裡面的那個孩子。

和所愛的人爭吵

和所愛的人爭吵時，請閉上眼睛，觀想三百年後的自己。等睜開眼睛，你就只會想要相互擁抱，並知道彼此是何等的珍貴了。無常的道理讓我們懂得感謝當下所擁有的一切，沒有牽絆，沒有忘失。

生活儀式

　　劈柴是禪修。打水是禪修。一天二十四小時，時時都要用心，不當只是在自己規定正式禪修或讀經念經的那一小時才用心。每一行為都應當在正念中落實。每一行為都是一項儀式，一次儀典。舉杯飲茶也是一項儀式。儀式一詞看起來會不會太嚴肅？我用這個詞的目的是要警醒大家，明白覺醒是生死攸關的大事。

真正的奇蹟

我喜歡在鄉村路上獨行，兩旁是稻禾與野草，每一步都正念地踏在地上，知道自己正走在奇妙的大地上。生命是一個奇蹟，奧妙神奇的實相。但我以為，真正的奇蹟並不是走在水上或空中，而是走在地上。每一天我們都活在奇蹟之中，甚至不知道，藍天、白雲、綠葉、兒童好奇的黑眼睛、以及自己的雙眼，全都是奇蹟。

停止戰爭

　　明白不二的道理，就可以平息自己內在的戰爭。以前，我們爭強鬥勝，或許現在還在爭強鬥勝，但有必要嗎？不，爭強鬥勝無用。停止爭強鬥勝吧。

未來就在當下

　　正念修行並不是叫我們不要去計畫未來。能夠不迷失在不確定及對未來的恐懼中，當然很好，但如果能夠真正把握當下，就可以把未來帶到此時此地並作出計畫。思考未來並不是錯失現在。事實上，現在包含過去與未來，何況打造未來的唯一材料就是現在。善於把握現在，才是你能為未來所做的一切。全心全意把握當下，就已經是在打造未來。

內在的寧靜

　　寧靜來自於內心，不是外來。寧靜不是不言語、不做事，而是說自己的內心不受打擾，內心無有言說。真正的寧靜，是不論處於任何情況都可以在內心找到自己，可以享受寧靜。我們常常會碰到這種情形，自以為自己很安靜，四下裡也很安靜，殊不知腦子裡面卻一直講個不停。那就不是寧靜。修行的目的就是要在一切事情中仍然找得到寧靜。

大地的孩子

我們全都是大地的孩子。我們和大地互相依存。大地究竟是美麗、清新、翠綠還是貧瘠、乾枯,完全在於我們行走的方式。請以正念接觸大地,以喜悅和專注。大地將療癒你,你也將療癒大地。

智慧的力量

　　專注可以使人只專心於一件事情上。由於專注，觀照的能力將變得強大，唯其如此，智慧才有可能。智慧具有解脫的力量。如果我們有正念，又懂得時刻保持正念，專注也將因此而生。如果懂得維持專注，智慧自生。正念的力量可以使人觀照，得到轉化所需要的智慧。

躲貓貓

　　有沒有玩過萬花筒？只要稍微動一動就可以產生神奇的變化，出現一幅多采多姿的畫面。這幅畫面維持個幾秒鐘，再動一動，便又出現另一幅。每當一幅畫面消失，我們都要為之悲泣嗎？一朵花出現，然後消失，再出現，再消失，千回萬遍，往復不止。如果觀照萬物，這便是真如實相。出現，消失，消失，出現，就和躲貓貓一樣。

你確定嗎？

　　每個人都只不過是一個人而已，每天的想法難免犯錯，我們的配偶或搭檔也一樣，所以我們應當相互扶持，更清明、更深入地去看事情。千萬不要太過於相信自己的想法，佛陀就是這樣教導我們：「你確定自己的想法無誤？」他這樣問我們。我也要敦勸大家，拿張卡片把這句話寫下來，貼在自己房裡：「你確定自己的想法無誤？」

　　每個人的心裡，都有一條由想法形成的河流，我們應當在岸邊坐下，靜觀自己的想法。佛陀說，我們大部分的想法都有問題。你確定自己的想法無誤？我們向你提出這個問題，是正念的暮鼓晨鐘。

一份禮物

你若懂得活在當下，便可以為你的所愛送上一份禮物了。這事情非常可行，不難做到，不用花費，而且很快就可做好，不必經年累月才有結果。只要一分鐘就可以做到。所以，要把已經學懂的馬上付諸實行。

行走於神的國度

　　每一天，我們都能夠行走於神的國度，行走於佛的淨土。該有的你都已經擁有——有腳，有肺，有眼睛與心——加上一點點的修行，就可以在自己的裡面創造正念的能量，有如點亮一盞燈。一旦實實在在活出自己，踏出一步，就能進入佛土。

不要低估自己

　　不要低估自己。每個人都有覺醒的能力，都有慈悲的力量。只需要一點點的修行，就能夠接觸到自己內在最美好的部分。覺悟、正念、理解與慈悲都在你之內。只要簡單的修行——諸如正念步行、正念呼吸或正念洗碗——就可以脫離苦境，觸發自己內在的善種子。

一體蒙福

假若自己不快樂、不平安，我們便無法與其他人
——乃至自己的所愛，生活在同一個屋頂下的人——分
享喜樂與平安。假若自己是平安的、喜樂的，我們便可
以歡喜並如花綻放，家裡的每個人，整個社會，都將因
我們的平安一體蒙福。

真正的了解

禪修的目的就是要在觀照真實世界時消除主體和對象的分別。把探究者與被探究者之間的那條界線拿掉。既要了解一個人,就應當設身處地。朋友及家人若要真正了解彼此,也應當從對方的角度去看事物。若要全然了解,唯一的方法是成為要了解的對象。唯有拿掉存在於理解的對象和主體之間的障礙,真正的了解才有可能。

無分別心

　　了解及無分別心與平安及慈悲是一體的兩面。我們之所以會擇此棄彼，是因為有分別心。眼中有慈悲，同時間就能看到一切實相。慈悲的人在每個生命中都見到自己。能夠以眾多觀點去看實相，便能夠不為任何觀點所役，隨時隨地行慈悲的事。

轉眼就得解脫

　　若能夠安住於當下，踏出一步，你便能夠接觸大地，並到達此地此刻。你無須花任何力氣，只要腳正念地接觸大地，就可以穩當地到達當下，轉眼就得解脫——免於臆想、擔心、一切指望，全然活在當下，全然活著，接觸大地。

神奇的微笑

人的臉部有數十條肌肉，憤怒或恐懼時，這些肌肉全都會為之緊繃。但若懂得呼吸之妙，清楚覺知呼吸並微笑，便可以化解這些肌肉的緊張。一吸一呼之間，同一張臉便有天壤之別。微笑可以帶來奇蹟。

習氣

習氣推動我們；推動我們於不知不覺間做這做那。有時候，自己的所作所為連自己都不明所以。甚至，明明不想做的卻還是做了。有時候，我們會說：「我並不想那樣做，但卻身不由己。」所以，習氣有如一顆種子，有可能是許多世代之前就種下的。

我們繼承的東西可多了。但若修行正念，就可以覺察遺傳下來的習氣，明白我們的父母或祖父母也和我們有同樣的弱點，覺察自己的負面習氣是來自祖先遺傳的時候，可以不帶有任何判斷。微笑以對自己的短處和習氣。清清楚楚做出選擇，走別條道路，當下就可終結苦痛的循環。

你是安全的

所有各種欲望都源自於我們對安全的原始欲望。直到現在,我們內在的那個小孩都還在擔憂害怕。但當下並無問題,沒有威脅。既然當下沒有問題,那就表示本來沒有問題。為何還要繼續擔憂害怕呢?我們應當把這種理解教給內在的那個孩子,讓自己內在的那個小孩知道,無須再擔心害怕。

下錨

回歸當下，深層接觸生命，方法雖然很多，但全都和正念呼吸有關。如果我們把錨下在正念呼吸上，那麼，我們隨時都可以修行，否則就有危險，可能錯過生命——此時此地的生命。

困於自我的概念

西方心理學的目標是要建立一個穩定而健康的自我,但因為西方的精神治療一直都困於自我的觀念,其所能帶來的轉化與療癒也就有限,效果也不大。跳不出自我的觀念,無明便始終存在。一旦了悟自我與無我之間的密切關係,無明自癒,痛苦、瞋恨、懊悔與恐懼也隨之消失。只要能修習無我,使人備受煎熬的種種問題也就會迎刃而解。

你真正的本性

深觀自己的本性，自會觸及根本實相。此一根本的本質，超越生死、高低、彼此之類的一切概念，佛教稱之為「涅槃」或「真如」。涅槃者，一切概念如有無、生死等的寂滅。

每個人在自己的內在都有此一稱為「根本」的面向。事實上，人超越生死、有無。本性就是涅槃。以基督教傳統來說，此一根本面向就是上帝。上帝的國度同樣超越生死、高低、有無。

聖者

有時候我們會遇到一些人，純潔、完美、俱足，給人聖潔的印象，彷彿聖者，或有如神一般。其實，我們看到的是他們覺悟的一面，是他們的佛性，從他們的身上，我們看到的則是我們自己本有的覺性。

生命中最美好的時刻

　　佛陀的教導明白告訴我們，要把此刻打造成生命中
最莊嚴、最美好的時刻。當下應當是每個人生命中最美
好的時刻。但唯有自己是自由的，才能夠把此一當下轉
變成為最美好的當下。我們唯一該做的，就是把自己從
過去及未來種種的憂慮與煩惱中解放出來。

受傷的孩子

談到慈悲諦聽，通常都是說諦聽別人。但我們也應當諦聽自己內在那個受傷的孩子。有時候，這受傷的孩子會從意識的深層冒出來，要求我們給予全心的關注。只要用心，我們就可以聽到這孩子求助的聲音。這時節，就當放下眼前一切，回過頭去溫柔擁抱這受傷的孩子。

放走牛隻

────────────

一天，佛陀和眾比丘坐在林子裡，一個農夫前來。
他剛失了他的牛，牠們跑丟了。農夫問比丘可曾見到牛
經過。佛陀說：「沒有，沒有見到你的牛經過這裡，到
別處去找找看吧。」

農夫離去，佛陀轉向眾比丘，微笑說：「啊，你們
應該感到快樂才對，因為你們已經沒有牛可以丟失
了。」

有一項修行是我們都可以做的。拿一張紙，寫下自
己牛隻的名字，然後觀照，看看有哪些是可以放走的。
有人或許認為，這事對自己未免殘忍，但若深觀便會明
白，對我們的真喜悅及真幸福，這些無非都是障礙。

普世的種子

　　正念是照亮道路的光，是活在每個人心中的佛。正念孕育覺照、醒悟、悲心與愛。人人都能夠用心專注，每個人心中都有正念的種子，不僅佛教徒可以接受，基督教、猶太教、伊斯蘭教，乃至馬克思主義的信徒也能接受。只要勤加灌溉，這顆種子便成長，我們將重獲生機，可以享受生命的一切美好。

不要逃避

　　每個人都有逃避受苦的傾向。大家都想趨樂避苦。但這是沒有用的，只會阻礙我們的成長與喜樂。沒有理解、慈悲與愛，不可能有快樂。不了解受苦，自己的與別人的，則不可能有愛。

　　唯有接受苦，才能培養慈悲與愛。沒有理解與愛，自己無法快樂，也不能使別人快樂。悲憫、寬恕、喜悅和無懼的種子是每個人心裡本有的。但若總想逃避受苦，這些種子便無從發育。

信任正念

———————

　　正念是可以信任的。對正念的信任是可靠的，絕非空談。喝水時，覺知自己正在喝水，正念在焉。行立坐臥或呼吸，覺知自己正在行立坐臥或呼吸，便觸及了自己內在正念的種子，幾天之後，正念就會茁壯。

更深刻的生命觀

以正念認知萬物，這門功課可以使人更深刻地照見生命本質。我們應當明白，無常並非生命的消極面向，而是生命的根本。如果一切存在都非無常，任何生命便將無法繼續。一粒玉米種子如果不是無常，就不可能長成一棵玉米禾。一個小孩如果不是無常，就不可能長大成人。

生命無常，但並不代表不值得活。正因為生命無常，所以才值得珍惜。因此，活著就當深刻地活出每一刻，負責任地善用生命。能夠完全活在當下，以後才不至於懊悔，也才懂得如何照顧自己的所愛，並為他們帶來快樂。明白一切皆是無常，碰到衰退與死亡時才不至於痛不欲生。面對常與變、盛與衰、成與敗時，才能安定知足如故。

覺知呼吸

呼吸並覺知自己正在呼吸是一項基本的修持。禪修不從呼吸入門，不可能真正成功。修行自覺的呼吸是要打開止觀之門，由此進入定與慧領域。禪修大師康僧會禪師曾說，Anapanasati（覺知呼吸）是佛陀送給眾生的大筏。

覺知呼吸是進入任何禪定的門徑，可以引導我們初步認識萬物的本質：無常、空、緣起、無我及不二。不用觀息固然也可以修行止觀，但觀息才是最安全也最可靠的法門。

心身合一

———————

　　當身與心合一，便是完全活在當下。這時候，整個
人充滿生命力，並感受到生命當下的一切奧妙。因此，
修行不僅要修心也要修身。身心是一體而非二。在這個
基礎上自會明白，任何想要追尋的已然俱足。

諸事帶來喜樂

刷牙，做早餐，走路去禪堂——每件自己所做的事，每踏出去一步，每次呼吸，都應該為自己帶來喜悅與快樂。生命裡已經有苦痛，我們無須製造更多苦惱。

海

放眼看海，表面上，但見波起波伏。從波的觀點看，有生有死，有高有低，有起有落。波與波之間，分明有別。

但每一波都是來自於一種名為「水」的物質。其為波，同時也是水。生死、高低、起落，這一類的概念僅可用於波，代表的是流變的面向，而無法用於水，水才是根本面向。

最徹底的解脫

禪修的目的是要尋求苦痛的解脫，可以教人如何轉
化苦痛，得到初步的解脫。但涅槃才是最徹底的解脫。

佛陀的邀請

今天這個時代，人人都俗務纏身，既沒有足夠的時間以正念活出自性，也不肯花時間去探觸深刻的東西，去發現生命的本質。但佛陀把禪修傳給了我們，一種不受時間限制的修行，每個人都做得到，可以用自己的智慧、時間和空閒去品嘗。

記取無常

　　想像一個親愛的人已經死去，這時候，對他的氣憤及責備，還有什麼不能放下的呢？對自己的所愛，我們都懂得要格外親切，照顧他們，使他們快樂。一旦了然於無常的道理，於自己的所愛，我們更會避免不體貼的話語及行為，以免打亂了生活，也才會懂得不去傷害對我們最為重要的人，避免在自己及他們中間撒下痛苦的種子。

修而不修

修持坐禪或行走禪時，如果內心覺得掙扎，那就是用的方法不對了。佛陀說：「我的修行就是修而不修。」這裡面很有深意。放掉掙扎。讓自己自在，休息。

不選邊站

　　和好的意思就是放下二分的看法，放下責罰別人的心。既要和好就不應該有任何執取，不選邊站。衝突中，多數人都會選邊站，根據部分證據或道聽塗說就分對錯，義憤添膺之餘，非要採取行動不可。但就算是理直，光是氣壯並不足以成事。這個世界不乏投身行動的人！我們需要的，是能夠愛並且不選邊站的人，唯其如此，才能真正擁抱整個世界。

　　我們應當不斷修持正念與和解，使自己能夠視飢童有如己出，視眾生之苦有如自己之苦。唯有這樣，才能明白真愛是沒有分別的，也才能以慈悲之眼看待眾生，真正幫助他們解脫痛苦。

心靈空間

在團體中、城市裡及學校中，大家都應當修持祥和。老師應當修持祥和，並教導學生修持。國家的總統或政黨的領袖應當修持祥和，為自己的身心祈禱祥和，以便影響其他國家的總理及元首共同締造和平。最理想的情形是，每次和平會議應以行禪及坐禪開始，並有人帶領大家做深度放鬆，放下身心的緊張、嗔怒及恐懼。唯其如此，才能為政治及社會生活開闢心靈空間。

生命無限

　　一如我們是活在許多不同的現象之中，生命呈現多
重現象。我們就是生命，而生命無限。或許有人會說，
唯有活在世間，我們才是真正活著，因此，活著無非就
是活在眾生的悲苦與喜樂之中。眾生之苦就是己苦，眾
生之樂就是己樂。生命既然無限，則生而為人構成那個
我的五蘊（skandhas）也是無限。所以，天地的無常，人
生的成敗，都不再能夠影響我們。一旦看清楚相即互入
的實相，深入其真如實境，便再也沒有東西可以給我們
壓力了。

真實面貌

我們不能說佛陀是活著還是死了。真如實相超越生死與有無。「父母生我之前，我是什麼面貌？」深入思索這個問題，當可發現真實的自我本來自外於生死。

世世代代的苦

透過修行可以了解，我們的受傷的孩子並不只是屬
於我們的。每個人的受傷的孩子都代表好幾個世代。我
們的母親或許吃了一輩子的苦，父親或許也備受苦楚。
父母或許沒有能夠好好照顧他們內在受傷的孩子。所以
我們擁抱自己內在受傷的孩子時，我們擁抱的，便是自
己過去世代所有受傷的孩子。這項修行並非只為我們自
己而修，而是為先人與後世無數世代而修。

不動的實相

　　吸氣，使自己整個人身心合而為一；你乃一體圓融。再配以正念與專注的能量，踏出一步看看。若能踏出正念的一步，下一步再下一步也就都能夠做到。這時候，你洞悉這兒就是你真正的家——你真正活著，你全然存在，你觸及如實的生命。你的真正的家是不動的實相，隨時可以用腳，用手，用心接觸得到。

活潑潑地活著

正念修行不是逃避，不是遁世，而是活潑潑地進入生命，以正念能量所產生的活力。沒有這樣的自在與專注，幸福不可得。

河中卵石

————————————

　　禪修千萬不要用力，要讓自己有如一粒休憩的卵
石，於河底休憩，毫無作為。行走時是休憩。靜坐時是
休憩。

無所得

　　《心經》說「無所得」。禪修並不是要追求覺悟，因為覺性本有，無須別處去求，無須設定目的或目標。修行不是為了得道。因為無所求，才會明白自己原來並無任何欠缺，早就已經是自己想要成就的樣子，大可不必再耗費心力。善處當下，可以看見陽光穿窗，聽到雨聲盈耳，無須任何追求，自能享受每一時刻。人說進入涅槃，但我們早已涅槃。無求與涅槃本一。

這一時刻是你的

這一時刻是你的。你坐的那個位置也是你的。也就是在這一時刻及這一位置上,你便可以覺悟,用不著坐到遠方那棵特別的樹底下。如此修行數月,便可以體會到一種雋永的喜樂。

如月當空

用不著追求就可以得到的喜樂當自由自在地去體
驗。人若自在，那樣的喜樂自會到臨！看啊，明月行於
天際，何等自在。因有這等自在，才會生出美與喜樂。
我深信，若非基於這樣的自在，喜樂便不可得。無論男
女，唯有自在，才享有喜樂。但若淪為奴隸，哪怕只是
被一個念頭所役，想要得到喜樂便難如登天。所以我們
當培養自在，包括不為自己的想法及觀念所役的自在。
放下自己的觀念吧，儘管這不是容易做到的。

詩的園地

　　一日，在紐約市，碰到一位佛學學者，跟她談起在菜園裡修行正念的經驗。我說我非常享受種萵苣種番茄以及種植各種蔬菜之樂，每一天都開開心心把時間花在菜園裡。

　　她說：「你不應該把時間花在種菜上，應該花更多時間去寫詩。你的詩那麼美。誰都可以種菜，但不是每個人都能像你那樣寫詩。」

　　我告訴她：「如果我不種菜，就寫不出詩。」

生命之流

　　深觀自己身體的一個細胞或心識的一個細胞，便可
以覺察到自己世世代代的祖先。我們的祖先不止是人類
而已。人類出現之前，我們曾是其他物種，曾是植物、
草木、礦物、松鼠、鹿、猴子，甚至單細胞動物。世世
代代的祖先都存在於我們身體的每一細胞與心識的每一
細胞之中。我們乃是此一生命之流的延續。

此地此刻

———————

　　吸氣，往復默念「此地此地」。呼氣，往復默念「此刻此刻」。所念雖然不同，但指的卻是同一件事：我已經到達此地，已經到達此刻。我安住此地，安住此刻。

　　如此修行，便是在修止。止是佛家的基本修行。停止追逐。停止掙扎。讓自己休息、療癒、平靜。

煩憂

　　是的，世間到處都是愁苦，但當明白這無法擊倒我們。如果我們修持正念呼吸、正念行走、正念靜坐，並以正念工作，盡力而為，心中便有平安。縱使心懷千歲之憂，我們也不能改變這個世界。事實上，煩惱只會使事情更糟。儘管事情不如所願，我們仍然可以知所滿足，盡力而為，始終如一。如果連如何呼吸、微笑，以及認真活在每一個當下都不懂得，即使有心幫助別人，恐怕也無能為力。

灌溉善種子

惡種子永遠都有，但大大的善種子也存在，譬如慈悲、理解與愛。這些種子都在土裡，但若沒有雨水便無法茁壯。修行就是在確認並灌溉善種子。一旦確認了自己內在那顆悲憫的種子，定要天天勤加灌溉。

更加難以矯正

　　自我其實是由無我的元素組成，一旦明白這個道理，我們就不再會被有我與無我的觀念所拘或所惑。但話又說回來，自我的觀念雖然有害，無我的觀念卻更加危險。執著於有我固然不好，執著於無我卻更糟，因為那更難加以矯正。

用心吃早餐

即使是每天例行的事，譬如吃早餐，也當修行一樣去做，會產生很大的力量。如此修習所培養的念和定，使生活更為踏實。做早餐也可以是修行。抱持這種態度，做早餐時便可以真正活著，充分活在當下並感到幸福快樂。做早餐，可以是俗務，也可以是恩典，端看自己的心態。冷水有了，熱水有了。肥皂有了，水壺有了。火有了，食物有了。一切都具備了，幸福便有可能。

空掉什麼？

　　空者，通常意味著空掉了某個東西。杯子空掉水，碗空掉湯，我們則空掉一個獨立自存的我。每個人都不可能獨自存在，而是與宇宙間的萬事萬物相即互有的。修行就是要時時培養我們對空的覺照。無論走到哪裡，碰到的一切東西，我們所接觸的本質無非都是空。觀照桌子、藍天、自己的朋友、山嶺、河流，以及自己的瞋恨、喜樂，便會明白，所有這些全都是空掉了一個獨立自我。深入探觸這些事情，便會看見，所有這一切的本質無非相即相入與相互依存，亦即緣起、無常與無我。

照顧未來

　　未來是由現在造成的，所以照顧未來最好的辦法就是照顧當下。這道理既清楚又明白。對於未來，花許多時間臆想擔憂根本就沒有用。唯有把當下照顧好，才能照顧好未來，因為製造未來唯一的材料就是現在。只有守住當下才能為未來做好準備。

佛陀的教誨

「吸氣,我覺知自己正在吸氣。」我要提醒你,這種修行可是直接來自佛陀的教誨。放下所有的判斷、挑剔,以及拒斥或執著的意念,與所有正在發生的事情維持開放的關係。憤怒或沮喪時也一樣。只要覺察現下的情狀——憤怒、沮喪等等——絲毫不帶排斥或否定的意思,看清情緒乃是一時的,便不至於生起苦惱。一切本無得失,這就是禪修。

美好大地

　　大地如此美妙。我們如此美妙。我們可以讓自己正
念行走，用每一個腳步接觸奇妙的大地之母。對朋友，
我們無須祝福「平安」，平安已經在你之內，只要幫助
他們時時刻刻感到平安的習慣就行了。

心在別處

在日常生活中，我們往往丟失了自己，身在此間，心卻在別處——或在過去，或在未來，被瞋怒、嫉恨、恐懼等等拉走了。心並未真正與身同在。我們並非真正處於當下。

若要真正處於當下，就必須讓身回到心，心回到身，必須回到所謂的「身心合一」。在佛教的禪修，這一點極端重要。一般來說，身與心往往各走各的，以致無法充分活在當下。因此，我們必須盡一切努力使兩者回歸一處。佛家教導的法門，譬如正念呼吸，就是教我們如何做到這一點。

幸福的人

───────────

「我」是由身與心（梵文namarupa）所構成。物質的形是身，其他各項元素（梵文skandhas）則是心。觀照這五項元素，全都找不到任何絕對恆常的特徵，也就是說，它們全都是無常。懂得此一道理並依此修行，便可以在由這五項元素構成的場域內建立和諧，也才有可能得到幸福、平安、喜樂。透過呼吸、讓心回歸身以及觀照，我們將可重建這場域內的協調與祥和，成為一個喜樂的人，歡喜面對一切，並有能力為周遭眾生帶來喜樂。

受用所食

在我的寺院生涯中，用食前都要行「食存五觀」。其中第二觀是：「食時當懷正念與感恩，務求值得受用所食。」我認為，若要使自己值得受用所食，最好的法門就是食之以正念。所食之所以能得，乃天地之匯集並有人費時準備的結果。如果不能食之以正念，不免讓人惋惜。

平靜的湖水

你有看過哈哈鏡中的自己嗎。臉好長好長，眼睛好大好大，雙腿卻短短的。千萬不要像那面鏡子。還是像山中平靜的湖水比較好。我們往往無法想清楚事情，受苦，都是因為觀點錯誤，看事情或聽人說話，往往看不清楚，聽不真切，看的聽的都是自己的想法和偏見。

我們如果想要如實地接受實相，就應當靜止自己的湖水。如果覺得煩惱，什麼都不要做也不要說。只是出息入息，等心平靜下來。這樣做可以避免許多傷害。平靜是理解與智慧的根本。平靜就是力量。

打開溝通的門

禪修就是觀照事情的本質，包括我們自己的本質，以及面對我們的人的本質。當我們看清別人的本性時，才會真正明瞭對方的困難、渴望、苦痛與憂慮，才能坐下來握住對方的手，投以懇切的眼光，說：「親愛的，我了解你夠多嗎？我在灌溉你的煩惱種子，還是在灌溉你的幸福種子？請告訴我，如何才能愛你更多。」這一番話如果我們由衷說出，他有可能會放聲而哭，但那是好現象，表示溝通的門已經打開。

自由自在，不再絕望

　　自由是一切快樂的基礎。不自由，無快樂。這也就是說，人若自由了，便免於絕望，免於憎恨，免於懊悔與恐懼。修行能夠使人更自由、更充實，才是真正的修行。每踏出去一步，每一次呼吸，每一分鐘的坐禪，以及每洗一個碗，應該都會帶來更大的安穩與自由。

心的正念

要守住自己的心，就必須修持心的正念。對於當下升起的每一個感覺與念頭，都應當知所觀察並分明覺察。常照禪師寫道：「修行者若是清楚了解自己的心，用很小的力氣就可以得到結果，但若對自己的心一無所知，所有的努力都只是白費。」想要了解自己的心，只有一個辦法，那就是觀察並覺知心的一切動靜，而且必須時時留心，不僅在禪修中如此，在平常生活中亦然。

外在世界

心的每一個對象，其本身也是心。

品嘗真正的解脫

珍愛的人總有一天會生病，會死去。如果我們不修空，碰到這類事情發生時，便會無法面對。專注觀想空，是對生命本質保持覺照的方法之一，但這需要修，光是說說不能成事。觀察自己的身體，了然於此身之所以為此身的種種因緣——父母、國家、空氣，乃至未來世代。我們乃能超越時間與空間、我與我執，品嘗到真正的解脫。如果光是把空當成學問來研究，空便不是解脫之門。只有深入洞悉空性，了然於萬事萬物互為緣起與相即的本質，便是解脫之門。

母親

人生最重要課題是愛，第一個把這教給我們的人就是母親。沒有母親，我永遠不會懂得愛。因為有她，我才會愛鄰人。因為有她，我才會愛眾生。經由她，我第一次懂得理解與慈悲的道理。母親是所有一切愛的根本，許多宗教都認同這一點，並對母性人物如聖母瑪利亞或觀世音菩薩給予極高的尊崇。嬰兒剛一哭喊，母親就已經衝到了搖籃旁邊。母親有如溫柔親切的精靈，撫平不幸與憂傷。每喊出媽媽時，心就已經被愛所溢滿。

滋養自己

　　佛陀教導我們，平時要為自己製造喜悅與幸福，用以滋養自己，為處理痛苦做好準備。外科醫師如果判斷病人太過於虛弱，還不適合動手術，都會建議病人先行休息並補充營養，才有體力接受手術，同樣地，我們也需要強化自己的喜樂基礎，才有能力專注處理自己的痛苦。

橘子禪

　　吃橘子時，可以修持正念。吃橘子如果心不在焉，陷在憂慮與悲傷之中，橘子便不是真正存在。但若能讓自己心身合一，完全活在當下，就會知道橘子其實是一項奇蹟。剝開果皮，聞聞果肉，便可以看到橘子花開，沐浴於雨水與陽光之中。此一奇蹟，橘子樹可是花了好幾個月的時間才呈現於你的。然後，剝一瓣橘子，放入口中，闔上嘴巴，心懷正念，用心感覺橘子滲出的汁液，細細品嘗那甜美滋味。你有時間這樣做嗎？如果認為自己連好好吃個橘子的時間都沒有，那麼，你都把時間用在了哪裡呢？你的時間就只是用來擔憂或生活嗎？

心行

在佛教的修行中，所有的心行——諸如慈悲、愛、
懊悔與絕望——其本質全都是有機的，無須我們擔心，
因為有可能都會轉化。對於心行的有機本質，有了這樣
的洞察，就會變得更加充實、更加平靜，也更加祥和。
只需要一個微笑，正念地呼吸，便可以將之轉化。

修行的愉悅

修行應該是歡喜愉悅的。所謂歡喜與愉悅（梵文的
mudita 及 priti），這兩項要素本來就是禪修非常重要的
部分。如果禪修時感到不舒服，那就表示方法錯了。禪
修本是歡喜愉悅的，應當是喜樂滿溢。

祥和是會傳染的

　　一個人如果能夠敞開心胸擁抱自己的入息與出息，
定然知道入息與出息也會回過頭來擁抱自己。凡修習禪
修的人，無不明白這種情形。祥和是會傳染的。喜樂也
是。

拿回自己的主權

　　正念行走，幾分鐘之後，你就會發現自己比之前充
實得多。過去與未來不再拽著你脫離現實。如此一來，
你就更加能夠活出自己，擁有更大的主權。拿回自己的
主權也是一種修行。你會因此而更充實、更自由。

欣賞簡單的樂趣

　　牽著幼兒或幼女的小手，緩步去公園走走，將會驚訝地發現，陽光、樹木及鳥雀，全都可以是一種享受，孩子一點都不會覺得厭煩。今天的年輕人卻很容易厭煩。他們習慣的是電視、掌上型電玩、戰爭玩具、重金屬樂，以及各種各樣的刺激。至於我們大人，太過於精緻，再怎麼孤獨也受不了這些東西，於是只有受苦的份。

　　我們應當教導自己及孩子欣賞隨手可得的簡單樂趣。在今天這個複雜紛擾的社會，這或許不容易，但對我們的生存卻至關緊要。和兒女坐在草地上，指指點點草木間的黃藍小花，一同默想這些奇蹟，寧靜致和的教育就從這裡開始。

人類的進步

　　人類之所以能夠進步，是因為我們心存愛與慈悲。
我們應該向慈悲的人學習，培養深觀的修行，造福人
群，讓他們能從我們身上學到如何活在當下，看清萬事
萬物本來無常無我。有此覺悟乃能解脫痛苦。

打開實相之門

　　無常與無我是佛陀教導我們打開實相之門的鑰匙。我們當訓練自己如此看待事情,使自己明白,領悟一即是領悟全體。我們當明白,一在全體之中,全體在一之中。我們接觸的不僅是實相的現象面,同時也是存有的根本。一切事物都無常而且無我,生死都不由己。但若深入探觸,便可領悟存有的根本乃是超越生與死,超越恆常與無常,超越我與無我。

佛住哪裡

　　佛與菩薩的住址是「此地此刻」。這也是幸福的住址，生命的住址。佛陀說：「生命唯在當下可得。」生命及其一切的奧妙此時此刻可得。所以要訓練自己回歸當下。坐在禪修墊上打坐，就是安身於當下。當此之際，深深的接觸到生命。修習行禪時，情形亦復如此。每走一步，都是在把你帶回到真正的家，回到精神祖先的家園──當下。生命、平安、幸福、愉悅及自在，唯在當下。

子女

　　我們都存在子女的裡面。我們已經整個把自己傳給了他們。兒女都是我們的延伸。兒女就是我們。他們將把我們帶往遙遠的未來。如果我們有時間愛自己的孩子，以慈以愛以諒，他們將因此而受益，並為自己、為他們的子女及未來的世世代代打造更好的將來。

增長定力

專注時，生命是深邃的，喜悅與安穩也更深邃。開車，以正念；切菜，以正念；沐浴，以正念。若照這樣的方式做事，定力將增長。定力增長，則生命的智慧可得。

餵養愛，不要餵養苦

任何東西，甚至苦，如果沒東西吃（沒有食糧），就活不下去。動物也好，植物也罷，如果沒有食物，全都無法成活。為了讓愛存活，我們就得加以餵養，若不餵養，或餵錯了養料，愛就會死去。一轉眼間，愛就變成了恨。我們的苦，我們的憂鬱，也都需要食物才能存活。如果憂鬱總纏著我們不放，那是因為我們每天都在餵養它。我們到底是拿什麼養料在餵養自己的苦，值得我們深入去觀照。

過去的影像

童年若是受過折磨，日後的所見所聞幾乎都會喚起受虐的意象。隨著這些過去影像的出現，恐懼、瞋恨及絕望的感覺便升起。這種情形我們稱之為「不如理作意」（不適當的注意）（梵文 ayoniso Manaskara），因為這會將我們帶離當下，進入過去受苦的地方。重要的是，每當不如理作意把我們帶到那種地方，帶起那種意象時，面對悲傷、恐懼與痛苦的升起，自有處理的方法。

當痛苦升起，我們可以行出入息的修行，並說：「吸氣，我知道苦在我的裡面。」認清並擁抱心的狀態就是修行。藉著正念的力量，認清過去所受的苦只是一種意象而非實相。放眼所見，生命及其一切的奧妙盡在此地，快樂活在當下乃是可能的，如此一來，整個情況就會為之改變。

我思，故……

笛卡爾說：「我思，故我在。」但按照佛陀的教導，你也可以說：「我思，故我……不在。」因為你迷失在自己的思維中了，實際上已經不在這裡。如果你要真正在這裡，思維就必須停止。譬如修行正念呼吸時，注意的對象就只有呼吸，完全不會想到過去、未來、痛苦、計畫等等，這時候，你就是真正在這裡了，身心合一。

壹參玖

入世佛教

入世佛教指的不僅是投入社會活動，更是要投入日常生活，其標的是日常生活中的喜樂，也就是自由。在時間的使用上，我們應該多用些腦筋，因為時間絕不只是金錢，而是比金錢更可貴。一天有二十四小時，你知道如何管理嗎？你夠聰明，有多方面的才華，但你知道如何管理自己的日子嗎？你當把自己百分之百投入，妥善安排上天賦予你的人間歲月。你可以做到的。

立刻開始

社會上有許多事情必須要做——反對戰爭、社會正義等等，不一而足。但首要之務則是回歸自己，並確保那兒是寧靜與和諧在當家。如果做不到這一點，遑論為社會做事。讓我們立刻開始吧。

我的意見是，所有的人都回歸自己，去照顧自己受傷靈魂深處那個小男孩或小女孩。唯其如此，我們自己才會更平靜、更理解、更有愛心，整個環境也會開始改變。其他人因為我們的存在而受惠，我們乃能夠影響他們及整個社會。

受到傷害時

————————————

受到傷害時，會有兩種想法。一種想法會使我們更加憤怒，想要採取報復。不然，我們可以設法冷靜自己，觸動我們的慈悲及理解，給自己一顆平安的心。這樣做，可以使我們看清楚，別人其實也是受害者，我們的憤怒也就會為之平息。

謬見

_____

　　人往往把實相切割成片段，以致看不清楚整體現象中的相互依存關係。在全體中見一，在一中見全體，是要打破障礙——佛教所說的「執著於有我的謬見」——這種障礙限制了我們對實相的認知。

　　執著於有我的謬見說的是，相信萬物皆有不變的實體存在。打破此一謬見，便可以從各種恐懼、痛苦與煩惱中得解脫。

大家都笑了

　　每一次我們微笑，世世代代的人，我們的祖先、孩子，以及將來的世代——全都在我們的裡面——也笑了起來。修行並不是只為自己，而是為每一個人，為綿延不斷的生命之流。

回歸身體

　　正念呼吸可以把心帶回到呼吸，持續正念呼吸，更可以把心帶回到整個身體。回歸自己的身體並與之和好，才會更了解自己的身體狀況，自己犯了那些錯，製造了那些矛盾，也才會明白哪些事該做，哪些事不該做，因此也才能夠與身體和諧相處。行正念呼吸，我們便可以認清，身體乃是自己的家，因此而默念：

　　吸氣，我了了分明地覺知自己的身體。

　　呼氣，我微笑以對自己的整個身體。

有利的條件

初次學習覺悟的道理，總以為這些道理都是自己聞所未聞，殊不知覺悟的種子早已經在我們的裡面，至於修行路上的導師和朋友，只不過是在為我們提供接觸這種子的機會並助其成長而已。

在我們的心意識裡，早就已經有許多健康的好種子。在導師和同修的協助下，我們可以回歸自己並與之接觸。親近導師和僧侶有利於覺悟的種子成長。

絕妙法談

佛法有如一盞明燈，幫助人們觀照自己的存在，免於受苦。一則教導若是碰觸到了真正的憂慮、真正的痛苦，便有助於消除聽者心中的罣礙與難處。你所聽到的法談，若在這兩方面都恰到好處，開示的教導絲絲入扣，句句正中聽者的條件及情況，這時候，你便會覺得，那是直指著你在說的。彷彿法師看透了你的心思，正對著你一個人開講。這種感覺如果許多人都有，那就表示這是一場絕妙法談。

迷思

　　人往往活在迷思中。迷失於懊悔過去，迷失於擔憂未來。迷失於追逐、嗔怒和焦慮。每逢這時刻，人便不是為現在的自己而活，也不是為現在的人生而活。

　　禪修則可以讓人得解脫，消除這些迷障，牢牢守住當下，充分活出現在。

菩薩無有恐懼

菩薩者，了然於無生無死之真如實相，所以日夜皆無所恐懼。因有這種大自由，菩薩乃可以拯救眾生於苦痛。人，生來就是活在苦痛世間，唯其如此，才得成佛。一旦得解脫，便可以乘於生死之浪頭，無有恐懼，拯眾生於苦海。

當情緒動盪時

當我們的心被強烈的痛楚拉走，正可以行入出息，以回復放鬆與平靜。等到不好的情緒再升起，應如實予以接納，而不是任自己隨其推移，陷入更大的焦慮。碰到心情大壞，切勿與之對抗，人因為有我，那乃是我們的一部分，既生而為人，便不當和自己作對。痛苦、煩惱與猜忌全都是人的一部分，當其升起，大可回到呼吸予以撫平。再強大的情緒，祥和的呼吸都可以撫平。

羅漢

————

在我們的社會，無所事事往往被看成是負面的、不好的。但我們若迷失在活動中，存在的品質便會減損，我們就是在傷害自己。很重要的是，我們要保存自己，維持自己的清新與幽默、我們的喜悅與慈悲。在佛教裡面，要人培養無作，事實上，在佛教傳統中，理想的人是羅漢或菩薩，都是無所為的人 —— 亦即沒有非去不可的地方，沒有非做不可的事。無處要去，沒事要做。人應當學會活在當下，不一定要做些什麼。

壹伍壹

每次的呼吸

　　禪修並非只是靜坐冥想而已。看，思，觸，飲，食，言，無一不是修行。每個動作，每次呼吸，每一腳步，都可以幫助我們更加活出自己。

最大的障礙

知識是我們觸探自性的最大障礙。因此，懂得放掉
我見非常重要。知識是認知的障礙。偏執一己之見，便
很難接受新的見解，也難以對世界孕育出新的看法與理
解。

趕的習慣

有些人做事情，諸如購物或下廚，總習慣於匆忙了事。如果你有正念，你就會覺察到自己的匆促潦草，就只是想把事情趕快做個結束而已。這時候你就知道匆忙的能量顯現了，然後正念呼吸，對自己說：「唉呀，我的習性，你又來了。」一旦看清了這一切都是習性在作祟，習性的強度就會減弱。

要是那能量又回來，不妨再如法炮製，習性的強度便會繼續減弱。對於習性，最好不要和它對抗，只要認清它，微笑以對就行了。每認清它一次，它就又減弱一點，到了最後，就再也發生不了什麼作用。

深觀自己的觀點

講到人的觀點，多數時候都是錯的，卻總以為自己對，這正是受苦的原因。看著自己的觀點，微笑以對，行深呼吸，觀照其本質，自會發現其中謬誤累累。譬如說，有個人並無害你之心，你卻以為他會，因此，便一直放在心裡。千萬不要成為自己錯誤觀點的犧牲品。一旦淪為自己錯誤觀點的犧牲品，就有大苦頭吃。坐下來，平靜審視自己的觀點，定要看到觀點本質的最深處，才能夠檢查出錯在哪裡。

輕鬆愉快

正念修行本是愉快的，千萬不宜用力。呼吸需要費力嗎？當然不。入息，你只要吸氣就成了。和一群人一同觀賞絢麗的落日，你需要費力才能享受到落日的絢爛嗎？當然不，一點力氣都不需要。你只要享受就成了。

善惡對抗

千萬不要把自己變成一個善惡對抗的戰場。善與惡，兩邊都屬於你。惡可以轉變成善，反之亦然。

暴風中堅強的樹

想像有一棵樹，在暴風裡。樹頂，細枝與樹葉在風中翻飛。整株樹看起來那麼脆弱，弱不禁風，彷彿隨時會折斷。但看那樹幹，你就可以明白它是穩固的；再往下看它根的結構，你會明白它是根深柢固於土壤中的。那樹非常堅強，抵擋得住暴風。

我們也是一種樹。我們的樹幹，我們的重心，位於丹田。思維與感情的區域則是在頭部與胸部。當我們整個人被強烈的情緒如絕望、恐懼、憤怒或妒忌抓住時，最好馬上離開暴風區，往下去到谷地，修行入息與出息。若我們還留在暴風中，或許就太過於危險。我們可以在樹幹找到庇護，吸氣呼氣，了了分明地覺照腹部的起與伏。

回歸自己

　　多數人都害怕回歸自己，因為那樣一來就等於是要去面對自己內在的痛苦。但修行正念，情況就會改變。我們回歸自己的痛苦了，但透過正念呼吸與觀想，現在卻充分裝備了正念的能量。利用此一能源，我們認清了自己的痛苦並加以擁抱。

　　如果我們連自己都照顧不了，又怎麼照顧別人，照顧自己的所愛呢？這一點非常要緊。能夠為自己而活在當下，重建自己內在的秩序與安定，我們也才能夠照顧自己的所愛，無論其為兒子、女兒、伴侶或朋友。但若為自己而活在當下都做不到，為別人而活在當下，當然就更不可能。所以我們必須回歸自己。

療癒的真言

宇宙滋養我們的身心,雲過在天,滋養我們;朗日昭昭,滋養我們。宇宙時時刻刻供給我們生機與愛。儘管如此,有人卻覺得孤立,與世界疏離。身為一個菩薩,你可以去親近這樣的人,用這樣的真言為他打開心門,向世界與愛敞開:「親愛的人兒,我知道你很苦,我了解這一點,為了你,我來,一如樹木,為了你而生,一如花朵,為了你而開。」世間有苦痛,但也有別的:生命的奇蹟。用這句話語讓他們了解這一點,打開封閉的心門。

生與死的觀念

我們因有生死的觀念，生活才失去了平安與喜樂。
禪修可以清除這種因有生死觀念而生起的恐懼。禪修中
的觀照幫助我們深入看見實相的核心，其可貴之處在
此。一切本來相即互有，懂得這層道理，本來無生無死
的道理自在其中矣。

全球性思維

　　或許我們覺得，自己實在沒有接觸終極面向的能力，但這可是大錯特錯了。究其實，我們已經做到了，問題只在於如何做得更深入、更經常而已。譬如全球性思維這句話，就是要我們著眼於根本的面向。當我們放眼全球看事情時，眼界自會更寬，心胸自會更大，不再局限於小格小局。當我們放眼全球時，自會避開許多錯誤，對幸福與人生也會有更為深入的看法。

和好

和好的意思就是要把和平與幸福帶給所有的人，包括家庭、社會及其他的國家。既要促成和好，就應當避免和任何一方結盟，唯其如此，才能了解雙方。這事情很需要勇氣。到頭來，希望我們站在他那一邊的人，可能會壓迫甚至殺害我們。聆聽雙方之後，將各方的苦痛告訴另一方。單此一點，就可以帶來更大的理解。菩薩能夠做不同宗教、種族與文化之間誤解的鴻溝的橋梁，人類社會需要的，正是這樣的人。

他們也在受苦

　　受苦的時候，我們總以為自己是唯一受苦的人，別人都幸福快樂。事實上，事情多半是這樣的：傷害我們的人照樣受著極大的苦痛，而且不知道如何處理他的煩惱。了了分明覺知自己的呼吸，可以產生正念的能量，可以洞悉實相，知道如何處理苦痛，並以慈悲解脫他人的苦痛。

別無所求

我活在當下，所以很快樂。我別無所求。不再期盼任何其他的快樂或可以帶來更多快樂的條件。

行奇蹟

　　臨濟禪師說，奇蹟不是在火炭上、在空中或在水上行走——奇蹟者，就是走在地上。你呼吸，所以你知道自己活著。你活著，所以你才走在這美麗的星球上。那便已經在行奇蹟。

真友誼

　　修持正念呼吸時，身體、情緒、心識與知覺，都成了我們的好朋友。唯有和自己發展了真正的友誼，我們才能夠在這些不同的領域裡面促成某種轉變。對於曾經傷害過我們的家人及朋友，我們如果願意和好，我們就必須先照顧好自己。如果我們連自己都不能傾聽，又怎麼可能去傾聽別人呢？如果我們連自己的痛苦都不認識，就不可能給自己的人際關係帶來平和與和諧。

直探存有的本源

　　每日當培養對無常的智慧。若能確實做到，便可以活得更實在，更少些苦痛，更得其所哉。活得實在，便可以直探真如實相的根本——涅槃——不生亦不死的境界。深入探索無常，可以超越有常與無常，直探存有的本源，洞悉所謂的「有」與「無」僅只是觀念而已，無失亦無得。

輕而易舉

正念呼吸，使身心回復合一，只需要幾秒鐘而已。其輕而易舉，連小孩都可以做到。只要集中心神於呼吸，不思慮其他任何事情，過去、未來、煩惱、不平及失望都將煙消雲散，唯一就只有呼吸。如此這般，持續修習呼吸二十分鐘，就只是這樣。你在這裡沒有什麼要做，只是享受呼吸就好了。

眼前之美

————————

　　觀看落日，感受自然之美，修習正念呼吸。深深去感受那眼前之美。吸氣——自己何等幸福！呼氣——落日何等之美！如此這般，持續個幾分鐘。

　　接觸自然之美可以使生命更美更真，你越能正念專注，就越能感受到落日之美。以此所得到的幸福感，將是十倍、二十倍之多。正念觀看一葉一花，正念傾聽鳥鳴，可以更深刻地感受到他們。如此修習，一分鐘之後，喜悅自生，呼吸也將更為深沉，更為和緩，進而深入影響到我們的身體狀況。

修持不害

不害及不二是佛教修行的根本。我們不當和自己的
呼吸作對，不當和自己的身體作對，或和自己的怨恨或
憤怒作對。對待自己出入息，應溫柔不害，一如對待一
朵花。然後你才能同樣對待自己的肉身，待之以柔和、
敬重、不害與溫柔。等你處理痛苦、煩惱或憤怒時，才
會待之以相同的態度。

珍貴的禮物

———————————

　　正念呼吸和微笑可以為自己及周遭的人帶來喜悅。
就算是花大筆金錢為家裡每個人購買禮物，也及不上正
念呼吸及微笑，這兩樣禮物所帶來的才是真正的喜悅，
而這些珍貴的禮物卻無須花費任何金錢。

母親與孩子

孩子長大了，總以為自己和母親就是兩個個別的人了。但事情並非真的這樣。每個人都是母親的延伸。以為自己有別於母親，其實是錯誤的想法。每個人都是母親、父親以及祖先的延續。

一粒玉米種到土裡，七天後發芽，開始長成玉米稈子。等稈長高了，雖然再也看不到玉米仁，但仁並沒有死，它還在那裡。往深處去看，仍然可以看到仁在稈裡。仁與稈並非兩個不同的個體，而是彼此互為延續。稈是仁向未來的延續，仁則是稈向過去的延續。二者既非同一，也非兩個截然不同的東西。每個人與自己的母親，並非完全相同的兩個人，但也不是截然不同的兩個人。這個觀念非常重要。天底下沒有一個人可以獨立存在。人與人，人與萬物，是相即互入、互為聯結的。

聚合

　　當條件俱足時，事物便顯現。這就是所謂的「聚合」。花是一個聚合，所以雲和太陽也是。我是一個聚合，你也是一個聚合。

沒有負擔的自由

　　不自由，不可能有真正的幸福。而背負那麼多的野心，是不可能擁有自由的。我們總是不斷執取；同一時間，這也想做那也想做，所以弄得連生活的時間都沒有。我們總以為，為了幸福，自己背負的那些負擔是必要的，如果都拿掉，我們反而會受苦。

　　但仔細一點看卻發現，所有那些我們想要執取，弄得我們疲於奔命的東西，其實都是通往幸福的障礙。

讓心綻放

————————

　　春天時節，百花齊放。心也可以是花，你可以讓自己的心向世界綻放。大膽去愛——不要害怕。愛之於生命，不可或缺。過去，若曾因愛而受苦，大可以學著再去愛。

追求幸福

　　追求生活，追求幸福，你要一點一點地訓練自己。
經過數年的努力，或許可以得到一個大學學位，得到以
後，你以為幸福在望了。但事實並非如此，因為得了學
位，找到一份工作，人生還是繼續受苦。你當了解，幸
福並非走至路的盡頭就可以找到。你當明白，幸福就在
當下，此時此地。

實相無形

　　觀想相即互有便是深入觀照一切現象，可以看清其
本性，可以洞悉其為實相的一部分，也可以洞悉實相是
不可分割的，無法分割成為彼此互為分裂存在的片段。

正念的能量

正念是可以加以培養的具體能量。修行正念行走，穩定平和的腳步，培養正念的能量，將我們帶回到當下。順著呼吸靜坐，了了分明覺知自己的出入息，也是在培養正念的力量。

正念用餐時，將自己的整個存在投注於當下，了了分明覺知食物以及與我們共食的人。培養正念的能量，可以在行走時，在呼吸時，在工作時，在洗碗洗衣時。如此修行，不出幾日就可以增加內在的正念能量，提升自我的保護，得到回歸自我的勇氣，看清並擁抱自己內在領域的一切。

道之大要

正念帶來專注，專注帶來慧見，慧見解脫無明、瞋恨與貪欲。一旦免於受苦，喜樂自生。當瞋恨、無明與貪欲壓得人直不起腰來時，何來喜樂呢？因此，可以解脫諸苦的慧見才是喜樂的鑰匙。

我們是廣大的

我們總是習慣把自己的那副身體當成就是自我。我即我身的觀念根深柢固。但我們並非此身，而是更大於此身。「此身即我，我即此身」是一個必須根除的觀念。如果不加以根除，便將受極大的苦。事實上，我們是生命，生命絕不只是此身、此念、此心。

嬰兒的哭聲

　　母親在客廳做事，聽到了嬰兒的哭聲，多半都會放下手邊的一切，進去嬰兒房間，抱起孩子，溫柔摟入懷裡。當憤怒的能量升起時，這也是我們可以做的。憤怒是我們生病的嬰兒，要安撫他就要摟抱他。

　　修行者都明白，憤怒並不是自己的敵人而是自己受苦的嬰兒，必須予以細心照料，用正念的能量給予最溫柔的擁抱，並這樣說：「吸氣，我知道憤怒在我的裡面。呼氣，我正心平氣和地擁抱自己的憤怒。」

內在衝突

不要跟自己的慾望作對，沒有必要在自己內心製造戰爭。正念之為物，在於擁抱包容慾望這類東西，並以大溫柔予以接納。禪修不是要你把自己變成戰場，讓一方對另一方開戰，因為佛教修行的基礎就是不二。飲酒成癮或動輒生氣的習慣就是你自己，因此，必須待之以大溫柔與不害之心。最重要的是，不要在自己內心製造衝突、戰爭。

開悟

———

　　每一次的正念行走都是在做開悟的修行。覺知我正踏出一步，便可以開悟。每一步中，自有美。洗一只盤子可以是開悟的行為。洗盤子，自有樂趣。

感受之河

　　感受生起，成形，前後不過幾分鐘，然後消失。如同肉體般，感受的生滅時時刻刻都在發生。禪修時，以正念審視這條感受之河，觀想它們的升起、停留及消失，我們乃看到了它們的無常。因此，每當心情不好時，不妨對自己說：「這感受在我心裡，停留一會兒就會消失，因為它是無常的。」如此這般，明白感受的無常，苦痛會少很多。

鴻溝

———

　　每個人都有一個概念的自我，但你了解那個真正的自我嗎？概念的實相與實相本身之間，其實有著一條大鴻溝，但觀照可以加以跨越。所以禪修幫助我們消除概念的拘束。

第一聖諦

佛陀叫我們要認清第一聖諦，苦諦，並加以深刻觀察，以此發現第二聖諦，受苦的原因。唯有這樣，第四聖諦 ——將苦轉化為喜樂的道路 ——才能得到彰顯。所以我們應當重視苦的角色，如果怕受苦，那就白受了。

正念鐘

　　年輕時，我在越南出家，每個村莊的寺廟都有一口大鐘，情形如同歐洲及美國的基督教教會。每當我們請鐘時，村民便會停下手邊的事，行幾分鐘的正念呼吸。在法國，我居住的梅村，也有相同作法。每次聽聞鐘聲，我們就回歸自己，享受自己的呼吸。吸氣時默念：「聽呀，聽呀。」呼氣時則說：「這美妙的鐘聲把我帶回真正的家。」

對幸福的觀念

若有事情使你受苦，你當知道如何放下它們。放下可以得到幸福，包括放下你對幸福的觀念。先想像一下，有哪些條件對幸福是必要的，但深入觀照將會發現，阻礙幸福並造成苦痛的，正是那些觀念。

蘋果樹

去看看你院子裡的蘋果樹，十分用心地看，那真是一項奇蹟。你若關心那蘋果樹，照顧它，連你自己也會成為奇蹟的一部分。照顧它，過了一個星期，葉子將更加翠綠，更加閃亮。

對於周圍的人，情況也是如此。在正念的影響下，你會變得更關心、更理解、更慈愛，你的關注不僅滋養你自己，使你更為親切，也會提升別人。一個人的祥和可以改變整個社會。

大好機會

　　怎樣才能把正念修行推廣到社會最大的範圍？怎樣才能教會最大多數的人知所喜樂，且懂得教導別人正念生活？製造暴力的人數非常之巨大，而懂得正念呼吸並製造喜樂的人數卻很小。自己感到幸福，並成為他人的皈依處，每一天都是一個大好機會。

愛就是理解

　　佛教有一種說法，愛與慈悲都是由一種材料造成，那就是「理解」。能理解，就能愛。但若沒有理解，就不可能有接納與愛。他為什麼會這樣做？他為什麼會說那些言語？這些問題必須深入去觀察，才能明白自己將要處理的癥結。有了這樣的理解，就不會有責備與批評。對情況有了理解，慈悲乃生起。

回歸智慧

　　修持正念行走、正念靜坐、正念呼吸，是在為自己打好基礎。覺知呼吸，覺知步伐，可以產生正念的能量，回歸本來儲存於全身每個細胞裡面的覺醒智慧。那能量將擁抱並療癒我們。

遺產

　　先人的特質與作為，美好的與痛苦的，我們全都擁有。明白這一點，我們便可以盡最大的努力去延續先人美好的一面，修行化解世代以來傳給我們的暴力與苦痛。我們都明白，修持祥和不僅是為自己，也是在造福所有的先人及後世子孫。

沒有必要成為別人

前面若有目標，就會一輩子追求，幸福便永不可能。若要幸福，唯有停止追逐，珍惜當下及現在的自己。沒有必要成為別人；你已經是一個生命的奇蹟。

火燒掉了火柴

無常與無我的教導是修行必要的工具，但不應該執著。如果執著了，無常也就成了一個觀念，無我亦復如此。佛陀要我們揚棄的就是觀念。他說，涅槃是觀念的完全寂滅，包括無常及無我的觀念。若要點火，便點燃一支火柴，然後，火把火柴燒掉。無常與無我的教導有如火柴，如果修行得法，得到成果，火柴將被燒盡，修行者則得到自由。

一種放鬆修行

走在山裡，或公園，或河岸，不妨嘴角綻放微笑跟隨呼吸。覺得厭煩或惱怒，不妨躺下，雙臂置於兩側，放鬆全部肌肉，僅對呼吸與微笑保持覺知。如此這般放鬆，極為美妙且神清氣爽。一日數回，受益無限。

靜謐

────────

修持正念時，停止言語——不只外在言語，也包括內在言語。內在言語就是思惟，是內裡不斷進行的心理言談。真正的寂靜是言語的終結，包括口說和心語。真正的寂靜沒有壓迫感，而是一種靜謐，一種充實的安靜。是具有療癒與滋養效果的寂靜。

儀式

　　無論什麼事，深入而認真去做，就是一項名副其實的儀式。盛一杯水喝下去，全神貫注於喝的動作，那就是一項儀式了。行走時，全心全意，將自己百分之百地投入，踏出一步，落實正念與專注。那一步因正念與專注所產生的能量，就可以使生命活得深刻而真實。如果第二步也照著那樣去做，維持專注，如此行走，也就有如執行一項儀式一般。但事實上，我們並不是在執行儀式，只不過是深刻地活出生命的每一刻而已。

駕駛課

即使開車也可以修行，利用這段時間培養正念。事實上，開車時再好修行不過。譬如說碰到紅燈，就不妨吸氣，呼氣，覺照自己內在的每一動靜。看著紅燈，微笑以對。紅燈不是敵人而是朋友，幫助我們回歸自己。

正面因素

培養安詳。每個人都很重要，不要妄自菲薄。對家庭，對社會，對世界，你都是一個正面因素。你必須重新發現自己，做你自己。你必須回復安詳，可以在日常生活中修持安詳。你走的每一步，你的每次呼吸，都可以幫助你更為安詳。一旦有了安詳，便也有了自由。

修行者的功課

　　生而為人，既非一個獨立的自我也不是獨立存在。事實上，萬物皆不可能獨自存在。且看，一朵花就不是獨自存在，而是與整個宇宙相即互有。人也是如此。揚棄有我的觀念是每個修行者的功課，因為這個觀念正是萬苦之源。

過去的影像

苦痛與失望都是由心所造作，仔細留心這個形成的過程，就會看見此因彼而生；苦痛之生，全是因為有過去的影像升起。但實際上，我們卻是安全的，大可以享受生命中一切當下的奇妙。了然於苦痛乃是因影像升起所致而非現在的真實，歡喜活在當下也就唾手可得。

善用時間

　　自己的時間，你是怎麼運用的？沒錯，每個人都得有份工作，或許還得養家餬口。但你可曾用心安排自己的生活，好讓自己也能修行觀照？那將可以為你帶來歡喜，免於恐懼，並帶來大自在。無論是誰，都不應當任自己陷溺於恐懼與苦痛之海。我們的周遭，修行觀照並願意將慧見分享於我們的大有人在。大可好好把握機會，行靈修的道路，讓你深刻地接觸自己，使自己免於恐懼、憂愁與煩惱。

解開糾結

在佛教心理學裡面，梵文 samyojana 這個字指的是內心的狀態、束縛與糾結。譬如說，有人說我們的不好，我們不明白他為什麼這樣說，因而感到困擾，那就是心裡起了糾結。所有內心的糾結都是肇始於缺乏理解。但若修行正念，我們便可以學會技巧，每當糾結一生起，就能夠清楚地意識到並找到解開的方法。內心的狀態剛一形成，趁糾結尚未纏死之際，我們就當著意用心，解起來才容易些。

一體呼吸

行正念呼吸時，我們整個人都會輕盈、平靜、自在起來。能做到這樣的呼吸時，便是讓我們與世世代代，包括我們的先人與後裔一起呼吸。唯其如此，我們的呼吸才符合最高原則。只需要一點點的正念，一點點的專注，我們就能深刻觀照了。首先，運用觀想，看見所有的先人與我們一同邁步。漸漸地，連觀想都不再需要，隨著自己踏出去的每一步，但見古人與來者亦步亦趨而行。

愛的行動

　　藝術作品有助於人們了解受苦的本質，洞察內在由負轉正的底蘊。寫作、拍片、創作藝術作品都可以是愛的行動。這種愛的行動既能滋養自己也滋養別人。一個人若是快樂，懂得深刻活出人生的每一個當下，深刻的理解、喜悅與慈悲自生，其藝術自會反映這種理解並與他人分享。

集體智慧

我相信，在美國有很多人已經看清一個事實：暴力無法消除暴力。他們明白，和平別無他途，和平本身才是道路。這些人應該團結起來，為他們自己的憂慮強力發聲，並把他們的集體智慧提供給國家。

親愛的佛陀

我們對事情的觀念往往使我們無法真正接觸它們。如果想要了解一朵真正的玫瑰,我們就必須先打破自己的想法。當我們問:「親愛的佛陀,你是人類嗎?」這中間表示我們對於人類已經有了一個概念。佛陀總是笑而不答。每當他鼓勵我們超越觀念,如實地理解實有時,他都是如此。實有完全不同於觀念。

創造快樂的藝術

我們都應該學習創造快樂的藝術。童年時如果你曾經看過父母親的作為在家中創造了快樂,那麼,你已經知道怎麼做。但多數人卻沒有這樣的典範,所以不知如何著手。問題不在於對或錯,而在於技巧夠不夠。一起生活其實是一門藝術。縱使充滿善意,仍然會有人不快樂。使人快樂的藝術無他,正念而已。正念的人,自有妙心。

真正的問題

問題不在於如何才能得到愛與理解。問題在於我們是否有能力去愛並理解自己。答案若是肯定的，我們會覺得一切都很美好，因為，因此而散發出來的能量可以同時滿足我們自己及周遭的人。真正的愛也是如此。愛一個人其實就是一次學習愛眾生的機會。既然擁有愛與理解的能力，就應當下就去做，無須再蹉跎。這方面一旦有成，憂愁與恐懼自去，一切都會是美妙的。

治療錯誤觀念

憤怒、憎恨、恐懼與暴力全都來自於錯誤觀念。錯誤觀念產生許多憤怒、不信任、猜疑、憎恨與恐怖主義。懲罰並不能消除錯誤觀念。我們所能做的，乃是訴諸深入而慈悲的諦聽及充滿愛的話語。深入而慈悲的諦聽及充滿愛的話語有助於建立和諧，可以消除歧見，帶來慧見，解脫我們的國家與人民。

生命的核心

以禪定觀照萬物本質，可以發現一切皆是無常。萬事萬物不斷在變，無一是恆常不變的。這種無常性並非壞事。無常才是生命的核心，唯其如此，生命才成其為可能。拒絕無常就是拒絕生命。因為無常，一切事物才成其為可能。因為無常，才有希望。

嬰兒佛

每個人的阿賴耶識裡都有一個嬰兒佛，我們得給機會讓他／她誕生才行。一旦接生了這個嬰兒佛──亦即深藏於我們內在的理解與愛的種子──我們便將充滿菩提心，亦即覺醒的心，慈悲心。從這一刻起，無論我們做什麼或說什麼，自己內在的嬰兒佛都可以得著滋養，我們自己也將充滿歡喜、自信與力量。根據大乘佛教，慈悲心的覺醒就是修行的開始。

我不需要這些東西

你或許遇到過太多太多負面的事物，看過、聽過、接觸過本質都是負面的東西，諸如恐懼與絕望。這些負面的力量無所不在。譬如說，一打開電視，就有吸收到有害東西的危險，諸如暴力、絕望或恐懼。

碰到這種情況，你大可正念地對自己說：我不需要這些東西，生命中我已經有過苦痛、暴力、瞋恨與絕望，我不要再看這些節目，我要的是清新的、健康的、有益的東西。我要修習行禪，接觸晴空、春天與鳥鳴，和小女小兒玩耍。我要做的，就這些。

隨時都在變化的身體

我們必須學會把自己的色身看作是一條河流。身體不是靜態的，而是隨時在變。重要的是，我們要把自己的身體看作無常，是一條不斷在變化的河流。身體的每個細胞就是這條河流的一滴水，生與死每天時時刻刻都在發生。每一時刻，我們同時活在生中也活在死中。在色身這條河流裡，生與死每一瞬間都在發生。因此，我們應當以這種無常的觀點訓練自己。

聖靈

當正念的能量住於你，佛也就安住於你之內。正念的能量就是佛的能量，相當於聖靈。聖靈之所在，理解、生命、療癒與慈悲俱在。正念之所在，真正的生命、安穩、自由與療癒也隨之彰顯。這種正念的能量每個人都有能力產生。修習行禪，正念呼吸，正念喝水，培養這種本來存在內在的能量，照亮自己，並使生命成其為可能。

超越標籤

身而為人，我們全都相同。但卻有一層又一層的標籤使別人不把你當人看。把自己想成或說成是「佛教徒」，可能會很不利，因為這會成為一種障礙，使別人無法看見你內在的那個人。同樣地，你若是一個基督徒、猶太教徒或穆斯林，情況亦然。就你的身分來說，這或許是很重要的一部分，但畢竟不是你的全部。人們總是執著於這些主張或形象，以致彼此無法以對方同是人類相互對待。只有剝掉這一層又一層的標籤，使人得以彰顯，才是追求和平的真作為。

失念

　　多數人都心不在焉，多數時間不是活在當下，整個心深深陷在憂愁、恐懼、瞋恨與懊悔之中，他們並沒有正念地活在當下。這種狀態稱為「失念」——人在這裡，但心不在這裡。整個人，不是陷在過去出不來就是被未來抓走，沒有活在當下，無法深刻地活出自己。這就是失念。

　　失念的相對是正念。正念就是真正活在當下，身心合一。正念吸氣呼氣，把心帶回到身體。當心與身同在，整個人也就穩穩立足當下，也就能夠看清，許多喜樂的條件，自己與周遭本已俱足，喜樂自來。

佛陀真正講過的

　　佛陀從不曾說:「你不存在。」他只說:「你沒有
自我。」生而為人,本來無我。我們受苦,因為我們認
為,他講的是我們不存在。我們總是從一個極端掉進另
一個極端,但究其實,兩個極端都只是我們的觀念。我
們從沒有活在現實中,只是死抱著這些觀念,並因此而
受苦。

你選哪個頻道

　　儘管人生艱難，儘管有時候真的笑不出來，但我們還是不要放棄。最近一個朋友問我：「我滿肚子悔恨，怎麼能夠強迫自己歡笑呢？那太不自然了。」我告訴她，一定要笑，微笑以對自己的悔恨，因為，比起她的悔恨，她自己更重要。

　　生而為人，就像一台有無數頻道的電視機。我們轉到佛，我們就是佛。轉到悔恨，就是悔恨。如果轉到微笑，就真是一個微笑。千萬不要讓自己被一個頻道主宰。在我們的內在，擁有一切種子，我們一定要掌握整個情況，收回自己的主導權。

擁抱別人的存在

請做做看這個修行。修習一會兒正念呼吸,或正念地朝著世上你最愛的人走過去,讓自己真正活在此地此時,口中吟誦著奇妙話語:「親愛的,為了你,我在這裡。」你就是用自己內在的正念擁抱另一個人的存在。

一個天真的想法

許多人都嚮往一個沒有苦沒有痛只有喜樂的地方。這個想法其實相當危險，因為沒有苦痛就不可能有慈悲。唯有去接觸苦痛，才會生出理解與慈悲。沒有苦痛，便沒有機會培養慈悲與理解；沒有理解也就不會有真愛。所以千萬不要想像一個沒有苦痛只有喜樂的地方。這樣的想法太天真了。

正面因素

─────────────

　　如果別人的存在於你是清新的、療癒的，你就應當把握此一存在，用他滋養自己。即使你的周遭有負面的東西，你總還是能夠找到一些健康、清新、療癒，用正念就可以在你的生活中辨認出他們的存在。

　　對於這種正面因素的存在，以及你可以因他們的存在而受益，你應當要心存感激。若是面對一輪落日的壯麗景觀，便應把握機會融入。給自己五分鐘，深呼吸，讓自己真正活在當下。深深領悟自然之美，對心身都大有益處。

休息的重要

休息是佛家禪修的第一步。心和身都需要休息。問題是多數人都不知道如何讓自己的身體得到休息。我們總是苦苦追求；追求已經成了習慣，想停都停不下來。重要的是應當明白，我們已經養成了習慣，充滿競爭的能量。當習氣出來作祟時，我們必須把它揪出來，因為如此一來，習氣便會失去能量，再也無法推著我們走。

寶貴的時間

───────────────

　　禪寺禪堂外面的看板上，有四條條文。最後一條是：「不要浪費你的生命。」我們的生命是用日與時造成的，每一小時都很寶貴。

完完全全的奇蹟

定就是在修持喜樂。沒有定便沒有喜樂。吃橘子時，不妨修持定。吃時專注，全程都會是愉悅、幸福與喜樂。看著橘子，正念呼吸，它便揭露自身有如奇蹟。一個橘子便是一個奇蹟，就和你一樣，也是一個生命的奇蹟。完完全全的一個奇蹟。

觀照

　　巴利文 vipassana（梵文 vipashyana）的意思是「觀照一個對象」。充分覺知一個對象，對之進行深度觀察，觀察主體與被觀察客體之間的界線便會逐漸消融，主體與客體會合而為一。這就是禪修的精髓。唯有穿透對象並與之合一，理解才成其為可能。觀察一個對象，光站在外面看是不夠的。

顛覆「我」

　　釋迦牟尼佛提出「無我」的觀念時，他也就推翻了許多有關生命與宇宙的概念，其中一個信念，最為世人所深信不疑的，那就是：有一個恆常不變的我。懂得「無我」的人都明白，其作用是要把「我」給顛覆掉，而不是要以一個新的概念取而代之。「無我」的觀念是手段而不是目的。如果「無我」成了一個概念，那麼就應該和所有的概念一樣，一併予以揚棄。

耶穌與佛陀

　　有人曾經問我：「今天，如果佛陀與耶穌基督相遇，彼此將會談些什麼呢？」我的回答是，每一天，每一處，佛陀與耶穌基督都在會面。因為佛教徒是佛陀的延伸，而基督徒則是耶穌的延伸，他們今天到處都會遇到對方，我們應當幫助他們會面成功。

為你所愛的人

你曾經為自己所愛的人完全獻出自己嗎？還是你實在太忙碌，根本無法為那個人現身？身為父親、母親或伴侶，你要真正的為身邊的人／親人／親愛的人而在，因為那乃是你所能夠給予的最貴重禮物。

向過去學習

　　佛陀說，不要害怕過去；但也提醒我們，千萬不可迷失於其中。過去的懊悔或痛苦我們不應餵養，也不應陷溺於過去。然而，過去卻需要學習與理解，因為，深度觀照過去可以學到許多東西，有益於現在及將來。過去是我們學習的對象，禪修的對象，但無論學習或禪修，都要立足於當下。

撫觸大地

　　行走是對大地的撫觸。以雙腳，我們撫觸大地，療
癒大地，療癒自己，療癒人類。無論人在哪裡，撥出
五、十或十五分鐘，享受步行。每踏出一步，都可以為
身心帶來療癒與滋養。在正念中自由地踏出每一步，可
以幫助我們療癒與轉化，世界也將隨著我們療癒與轉
化。

陽光永遠照耀

下雨時，我們以為沒有陽光了。但若搭飛機飛到高處，穿過雲層，便又看到了陽光。我們都明白，陽光永遠都在。愛也一樣，憤恨或絕望時，愛還是在，溝通、寬恕的能力與慈悲心也都還在。

我們必須要有這樣的認知，我們不只是憤恨，不只是痛苦。我們必須明白，在我們的內在，確實擁有愛、理解與慈悲的能力。懂得這層道理，碰到下雨就不至於失望。因為你知道，雨來了，但陽光仍然還在某個地方。雨會停，太陽將再度照耀。要懷抱希望。提醒自己，在你自己與其他人的內心，正面的東西始終存在，你知道事情總會有所突破，你和其他人，內在最美好的東西，定能再度展現。

改變的根本

佛法的修行不再是個人的事，而應該是大家共同的修行。教師應該和其他教師和學生共修；心理治療師應該和諮商對象及其他治療師共修。電影製作人應該製作啟發人心追求覺悟的電影。新聞記者應該寫文章幫助人們覺醒。每個人都應當劍及履及，促成覺悟。覺悟是一切改變的根本。

不生不滅

　　深入觀照實相的本質，可以發現一切本無得失。如《心經》所言，不生不滅。生只是一個概念，滅亦然，兩者都無關於實相。深入觀照此一真相，必須用功，才能體證實相。

這是正確的嗎？

佛陀說，我們的想法往往都是錯的，由於總是錯的，所以總是受苦。對於這一點，我們應當特別在意，應當學會如何觀照自己的想法，不讓自己陷在其中，必須常問自己這個問體：「我的想法是正確的嗎？」唯有這樣問，才有大用。

第二支箭

佛陀說過「第二支箭」的故事。被第一支箭射中時，會覺得痛。但第二支箭又射中同一個地方，其痛將是十倍。

佛陀教導我們，身或心覺得痛時，正念呼吸，吸氣，呼氣，覺察痛的程度，但千萬不可誇大其重要性。如果不這樣，而是去憂慮、恐懼、抗議、抱怨那痛，就會把痛放大十倍甚至更多。憂慮就是那第二支箭。由於第二支箭是來自於自己，我們應當保護自己，不要讓第二支箭射出。

貳參捌

無有遺憾

擔心意外發生，使許多人活在緊張與焦慮中。自己或所愛什麼時候會碰到不幸，沒有人事先知道，但若學會活在覺醒中，時時刻刻深刻地活出自己，用關心與理解對待親近的人，唯有這樣，當事情發生在自己或所愛之人身上時，才不會有遺憾。活在當下，便能夠接觸生命美妙、清新、健康的一面，療癒自己的傷口。每一日都將更為美妙、清新與健康。

平安充滿

正念呼吸產生和諧、沉靜與寧謐，所有這些都可以滲透身體與心靈。事實上，心理影響身體，反之亦然。平安若能在呼吸中產生，那平安的感覺便會充滿身體與心理。

順乎自然

　　有人拿起一粒卵石拋入空中，卵石往下落向河流，碰到水面時，便任自己慢慢沉入河裡，毫不費力地便觸到河床。一旦到了河底，卵石便靜止在那裡，讓河水流過。我認為，卵石之抵達河床所經過的一定是最短的路徑，因為它任自己落下，絲毫不使一點力氣。

　　靜坐禪修時，也可以讓自己如卵石般靜止，絲毫不使一點力氣，順乎自然地任自己沉入端坐的姿勢，靜止的姿勢。

你在做什麼？

一天，我走過廚房，看到有人在洗蔬菜，便問道：
「你在做什麼呀？」我是讓自己扮演一個同修的角色。
他們在洗蔬菜，縱使再明白不過，我問這個問題的目的
是要點醒那人，單單只是洗蔬菜，他們就可以很快活。
做事情，如果不是用歡喜心，那時間就等於白費了。

正道

快樂就是知道自己時時走在對的道路上。快樂不一定要抵達終點。對的道路指的是時時刻刻扎扎實實活出自已。以佛教來說,有所謂的「八正道」:正見、正思惟、正語、正業、正命、正精進、正念、正定。日常生活中,時時刻刻都活出八正道是可以做得到的。那不只是自己快樂而已,還可以使身邊的人也得著快樂,使自己歡喜並充滿活力與慈悲。

愛的宣言

什麼是愛？愛就是因你的愛而意識到別人的存在。這不是理論而是修行。愛的對象無論是你的心、你的入息、你的肉身，還是你的兒子、女兒或父母，愛的宣言始終相同：「親愛的，為了你，我在。」

看深遠一點

我們都知道，理解與慈悲可以緩解苦痛。這絕不是隨便說說的；理解與慈悲之所至，於己於人都能帶來安慰與幫助。修行的目的則是要維持理解與慈悲。不管怎麼忙，花時間看深遠一點，總能夠多培養一些理解與慈悲奉獻給人。

平安的僧身

　　坐下來開始呼吸時，把心和身都平靜下來，平安自
會落實。這樣的呼吸就有如祈禱。心裡一旦有了平安，
和別人就可以心意相通，可以幫助別人得到和你一樣的
平安。你們一體成為一個平安的群體，平安的僧身。

一即一切

　　以深刻的覺察接觸一件事物，你能接觸到一切。對於時間也是如此。以深刻的覺察接觸一瞬，你便接觸到每一個時刻。《華嚴經》說：「一即一切。」如果深刻地活出一瞬，那一瞬之間就包含了所有的過去與所有的未來。

涅槃就是當下

涅槃是人生的終極面向，是一種境界，寧謐、平安、喜樂，而不是死後達到的一種狀態。正念行走、呼吸、喝茶，現在就可以達到涅槃。從無始的那一刻起，你就已經「涅槃化」了。一切物，一切人，都安住於涅槃。

大地母親

　　大地存在久遠，是全體人類的母親，無所不知。覺悟前，碰到疑惑與恐懼時，佛陀手觸大地，請求她為他做見證。大地出現在他面前，如美麗的母親，懷中滿是花果、鳥雀、蝴蝶，以及許多不同的動物，並將之獻給佛陀。佛陀的疑惑與恐懼立刻消失。

　　不管什麼時候，覺得不快樂，不妨去親近大地，請求她的幫助。像佛陀那樣，深深地觸摸她。很快地，你也會看見大地出現，帶著花果、樹木、鳥雀、動物，以及一切她造的生命。所有這些，她都給你。

空間就是自由

插花的時候，每朵花最好都留些空間，使各自的美
與精神得以顯露。花不在多，三兩枝就夠了。

生而為人，若要快活，也需要空間。修止修靜，無
非是要在心裡與身外給自己空間，也給所愛留空間。一
切心事、煩惱、擔憂和悔恨，都放下吧，為自己製造空
間。空間就是自由。

感受她的光

　　假如有人非常正念地生活。無論在家在外，站立坐下，言談講話，切菜洗碗，任何生活常事，全都正念專注。一舉一動，一言一語，起心動念，都散發正念的光輝。無論誰，每遇見她，便可以感受到她的正念，受她影響，感受到她的光輝，自己心裡的正念種子便萌芽，自然而然，和她一樣，在行為上開始培養正念。

充滿奇妙

生命充滿著苦，但也充滿奇妙，諸如藍天、陽光和嬰兒的眼睛。人生不應光是受苦，還應去感受生命的奇妙。奇妙，每一個當下，都存在於我們的內心和周遭，無所不在。

父母的身教

日常生活中，父母親如果修行正念與慈悲，孩子很自然地就會跟著學。對孩子，若不身教，言教是沒有用的。有時候，父母可以和孩子討論正念及慈悲，將自己的希望告訴孩子，要求他們經常生活在正念中並有更多的慈悲。

父母言語慈愛，便是在灌溉孩子心中的善種子，鼓勵他們以父母為榜樣。對孩子，無須處罰責備，好的言教加上身教，看在眼裡，他們自會追隨。

深刻的慧見

　　正念可以幫助我們認清許多當下已然存在的快樂條件，專注則幫助我們更深刻地接觸這些條件。有了足夠的正念與專注，慧見乃生。有了深層的慧見，乃得以免於錯誤的知見，並維持長久的自在。有了深刻的慧見，便可以不再生氣，不再絕望，使人生時時刻刻得歡喜。

在神的面前

　　修行的原則很簡單：回歸自己的身體，真正地活在當下，充分活出自己。在正念的光照下，一切自在分明。猶太教與基督教的傳統有言：「我們所作所為，一切都在神的面前。」這是另外一種表達實相的方式。

成佛

　　佛陀說，和他一樣，人人都可以成佛。只要有愛、理解及平安，能夠把瞋恨、疑忌轉化，和他一樣，我們也可以成佛。宇宙八荒，處處有佛。有人處，就有佛，許許多多的佛。

萬物心造

心造萬物。巍巍山峰，皚皚白雪，用心觀想，便都是你的。其之存在，全在於一心。閉上眼睛，心之所至，山就在那兒了。靜坐禪修，闔上感官之窗數扇，就可以感覺到整個宇宙如在眼前。為什麼呢？因為有心。所以說，如果閉上眼睛，可以看得更分明。世上的景色與聲音並非我們的敵人。自己的敵人非他，心不在焉而已，是正念的缺席。

另一種死亡

　　學佛的人都會拜一位師父為師，並對師父的智慧深信不疑。我們得相信師父是神聖的，而一般人都是凡人，所以我們才追隨他。我們認為師父穿上了聖袍，就立即成為聖人。正是這一點把我們殺了，這種死亡是因為我們離棄了平凡而去追隨所謂的聖人，結果就是離棄了自己。

選擇哪個世界？

　　世界有兩個：覺醒世界或無明世界，我們可以選擇一個生活於其中。如果我們還不停止觀念的執著，那就是生活於無明。無明本無定所，無始無終。如果我們生活於覺醒世界，日日都是好日，何樂不為呢？

最偉大的修行

　　無畏是佛教最偉大的修行。要使自己免於一切懼怖，就必須了然存在的本質，並訓練自己直探慈悲之明燈。《心經》描述觀自在菩薩深入觀照五蘊（梵文 skandhas）無我的本質，發現了空的本質，隨即克服一切苦厄，從此得有無畏的大能，能夠拯救芸芸眾生。煩惱即菩提，一旦明瞭此一道理，我們也能夠歡喜乘於生死之浪頭。

無可描述的自由

　　觀念與想法都無法如實地描述實相。涅槃者，終極實相，由於其超越一切觀念與想法，所以無可描述，是完完全全的自由。涅槃者，終極實相，或神，乃不生不滅之本質。

天性

　　凡人皆有天性，趨樂避苦。但我們必須點醒自己，有的時候，苦於我們大有益處，甚至可以說「受苦是有福的」。拜受苦之賜，我們才會去理解。由於理解，我們才能夠接納，能夠愛。沒有理解與愛，不可能有任何快樂。所以受苦和快樂大有關係。我們不應該害怕受苦，而應該忍得了苦，對苦要觀照並溫柔擁抱，從而學得智慧。

無限的時刻

活在當下並不是說否定過去或將來。事實上，活在當下的人都明白，現在既是過去的產物也是在創造未來。活在當下，同時就是活在過去與將來，是活在一個無限的時刻，是活在實相的終極面向。

澆花

　　和同修一起修行正念生活時都會發現，別人和我們一樣，內在既有花朵也有汙穢，這種情形我們了然於胸。我們的修行則是要灌溉他們內在的花朵，而不是給他們帶來更多的垃圾。我們應該避免責備或爭論。即使是要花成長，花長得不理想時，也不應苛責，而要自問，我們如何才能幫助他們長得更美麗。

　　若要花長得好，就必須了解花性。需要多少水？需要多少日照？觀照自我才看得見自己的本性；對別人，我們也應觀照，才看得見他們的本性。

慈悲傾聽

慈悲傾聽，非常重要。既然是要傾聽別人的苦楚，就不應加自己的判斷，跟人說道理。用心去聽，即使有些事情聽來並不真是那麼回事，仍然繼續傾聽，好讓人家可以吐露自己的苦，舒緩內心的壓力。任何回應或糾正都不妥，不會有結果。真有必要告訴別人說她的觀念不對，大可等個幾天，待她平心靜氣了，私底下再說。

你已到了

我們要做的，就只是全然地，真正地做自己，無須去追逐任何東西，我們每個人都已經包納了整個宇宙，只要正心專念回到自己，就可以感受到內心與周遭本有的平和與歡喜。

我已到了，已經到家。無須再做什麼。無有追求，無有欲得，都是善修行。

釋放壓力

———————

　　當我們回到當下，覺知自己的身體，所有壓力便都釋放。每個人都可以意識呼吸，做的時候不妨反覆跟自己說：「吸氣，我感覺到自己的身體了，呼氣，我釋放體內的壓力了。」不是佛門中人也可以做。坐下，姿勢可以隨自己舒適，練習體內壓力與緊繃的釋放。做個一兩分鐘，情況就會大不相同。

何等奇妙

在菩提樹下覺悟時，佛陀朗聲說道：「何等奇妙！明明人人都可以覺悟，卻任自己於苦海中隨波逐流。」他心裡明白，日日夜夜，眾生所尋求的，都是我們自己本來就擁有的。

無來處

萬物皆無來處，無所從來，因其本來自外於有與非有的概念，本來不生，既非人的思惟所能掌握，也非心識所能認知。無所來，無所往，非造非生。

這才是真如實相的本質。唯有跳脫生死與造作的概念，才能真正感受並體驗一切。無始故不生。不生故不滅。所有一切皆如此。

一切思惟皆聖

一切思惟，一切造作，若有朗朗覺性光照便都成
聖。由此可知，聖凡之間本無界線。

愛自己的心

愛是什麼，愛就是以大溫柔——以理解，以愛，以慈悲——對待自己活跳跳的心。如果對自己的心都做不到這一點，又怎能以理解及愛來待人呢？

共同福祉

　　我們當醒悟一個事實：每一事物都與另一事物相關相連。個人的安全與福祉絕不只是個人的事。若別人不安全，我們也不可能安全。維護別人的安全，就是維護自己的安全。維護別人的福祉，就是維護自己的福祉。心有分別與區隔，正是一切暴力與仇恨的根源。

培養哪些種子

佛陀以為，人的出生並非一個開始而是一種延伸，在我們出生時，各式各樣的種子——善良、殘忍、覺醒——全都已經在我們的裡面。我們裡面的哪些種子——善良或殘忍——會彰顯出來，端看我們培養哪些種子、我們的行為，以及我們的生活方式。

無常萬歲

　　你受苦，並不是因為一切無常，而是因為你相信一切都恆常不變。花謝了，你不至於太難受，因為你明白花的無常。但親愛的人的無常你卻無法接受，當她撒手而去，你深深受苦。如果觀照無常，你才會盡最大的力量讓她現在就得著快樂。唯有覺知無常，才會變得積極、關愛、聰明。

　　無常可是好消息。若非無常，一切皆不可能。因為無常，變化之門才一一打開。我們不應抱怨無常，而應該說：「無常萬歲！」無常是我們解脫的利器。

不二

———————

　　實相的核心並非我們平常自己創造的那些觀念，佛陀所開示的存在模式才是。我們的存在觀是二元論的，以為有與無是相對的。佛陀所要傳達的實有卻不是無的相對。他用了不同的說法。他說的「我」，並不是一切非我的相對。他十分明白，我是由無我的元素構成，那才是我們的真我。

高難度修行

　　我們都希望有時間可以坐下來，好好享受無所事事的安靜。但若真有那樣的時間了，我們真的能夠安靜下來嗎？這正是我們許多人的問題所在。我們總是抱怨沒有時間休息，無法享受自己的時間。但我們又總是做東做西的，根本無法停下來什麼都不做。好不容易有個可以安靜下來的一刻，卻不是打電話就是上網。我們都是工作狂，隨時都要有些事情做，不然就以為自己會活不下去。學會安於無所事事，既是一項重要的修行，也是一項高難度修行，原因在此。

重生

———————

　　有些人活著彷彿死人。放眼周遭，不乏這樣的人，不是讓自己消耗於過去，驚嚇於未來，就是難以自拔於瞋恨與妒忌。這哪裡是活著，這根本就是行屍走肉。正念地看看周遭，就可以看到人們殭屍一樣地來去。對周遭這樣活著的人要有大慈悲，因為他們不知道，生命只有在此地此刻才可得。

　　所以我們要修練重生，每天都要修。吸氣，把你的心回歸身體。就這麼簡單，便可以活在當下。歡喜、平安、快樂自來。我們每一個人都與生命有約，約在此地此刻。

點亮覺性的燈

呼吸用不著操作。呼吸本是一件簡單的事，有如空氣，有如光；應該讓呼吸順其自然，不要干涉。我們所要做的，不過是點亮覺性的燈，照亮自己的呼吸，製造正念的能量照亮當下發生的一切。

超越形式

　　最好的修行就是順著無為的精神，不死抓著形式。假設你的坐禪修得極好。大家都看著你，知道你是個勤勉的修行者。你坐得極為完美，不免為此得意。別人都晚起，無法準時來到禪堂，你卻已經端坐那兒。

　　如果抱著這種心態，因修行而生起的喜樂便是有限的。若你明白自己的修行是為眾生，縱使天下皆睡，只有你獨坐，你之坐修仍將利益眾生，因此而生的喜樂便是無限的。禪修便應出於這種態度，不著形式，順著修而不修的精神。

喜樂的秘密

—————————————

　　喜樂是慈悲的函數。心中沒有慈悲，就不會有任何
喜樂。

平安

　　我們有不少人拚了命在追求和平，但內心卻不平安。我們憤怒地吶喊和平，並衝著那些和我們一樣渴望和平的人叫囂；縱使是致力於和解的人與團體，自己內部有時卻有戰爭。如果內心沒有平安，和平工作者之間也不會有和諧。既沒有和諧，就沒有希望。如果動輒分裂，凡事不滿，我們就不可能服務，也不可能做出任何事情。

　　和平必須從自身做起：禪修靜坐，正念行走，照顧自己的身體，釋放身體與心情的壓力。致力追求和平一定要先修一己內心的平安，道理在此。內心有了平安，才有致力和平的基礎。

好話

每碰到有人用心把事情做好，我們都應當恭喜他們，表示我們的肯定。對孩子尤其應該如此。我們應當強化孩子的自尊心，對他們所言所行的好表現不吝於欣賞讚揚，才能有助於他們的成長。

千萬不要以為什麼事情都是理所當然。在愛與創造快樂上，有人做得好，我們就應當給予肯定並表示欣賞。這才是在灌溉快樂的種子。千萬不要說些傷害性的話語，譬如：「我懷疑你做得到。」相反地，不妨這樣說：「親愛的，雖然有點難，但我相信你做得到。」這樣的話語才會使人進步。

不安全感

凡人都有不安全感，不知道未來會是怎樣：發生意外，親人突然罹患不治之症死去，不確定自己明天是否還活著。這全都是無常在作祟，這種不安全感使人倍感痛苦。

這樣的感受如何才能面對？我們要怎樣修練自己呢？依我看，若要能夠面對這種不安全感，就必須學會並練習深刻活出當下，善加掌握當下。唯有深刻活出當下，將來才不至於後悔。其實我們都明白，無論自己或身邊的人都活得好好的。我們當珍惜時光，把握眼前這一刻，讓人生活得喜樂並有意義。

禪修坐墊

　　每次坐上禪修坐墊，心裡就想，這可真是塊好地方。坐上墊子，便心無旁鶩，讓自己進入靜止的狀態，絲毫不用氣力。坐禪時，我之所以能夠順利進入狀況，關鍵在此。坐不掙扎，所以全身肌肉放鬆。坐禪時若有掙扎，腰痠背痛之類的情形很快就會出現。但若讓自己在坐墊上完全靜止，則可以長時間坐下去，而且每一時刻都輕盈、清新、滋養、療癒。

轉化過去

　　過去，如果你的行為有偏差，有破壞性，大可以針對這方面下些功夫。只要深刻活在當下，就可以轉化過去。創傷仍在，觸手可及。只要回歸當下，過去的創傷，包括自己造成的以及別人加諸於你的，全都歷歷在目。

　　為了這些創傷，你必須在這裡。用正念呼吸、觀照以及不會重複往昔過錯的決心，對它們說：「為了你們，我在。」轉化自會發生。

到彼岸的筏

　　佛陀開導我們，要把他的教導看成是一葉渡你到彼岸的筏。我們所需要的，不過就是一葉渡我們過河去到彼岸的輕舟。所以，我們無需敬拜那筏，不需要把它負在肩上，更不應該以為自己擁有真理而自鳴得意。

一個簡單的問題

今日清晨，我從地上拾起一片嫩綠的葉子。這片葉子是在我心之內呢？還是在我心外？大哉問！這問題十分簡單，卻很難回答。

「外」與「內」的概念無法應用到實相上。我們習慣把心想成是「內在」，世界則是「外在」，心是主體，世界、身體，都是客體。佛陀卻教導我們，心與心的對象並非各自分開存在。無此便無彼。沒有被觀察者，也就沒有觀察者。客體與主體一體呈現。

從一次呼吸開始

　　有意識地做一次呼吸，任何人都做得到。如果連續有意識地呼吸十次，心不旁騖，那可就是在修行的道路上跨出了一大步。如果又能夠有意識地呼吸十分鐘，那就將有重大的變化發生。

切勿自卑

有許多人，總覺得自己渺小得有如一粒沙，覺得自己的人生微不足道，沒有多大意義，辛辛苦苦過了一生，到頭來又覺得自己一事無成。

正是這樣的自卑情結，成了許多人受苦的來源。對於實相，如果是從歷史的面向來看，對我們而言，一個平常人所能做的確實不多。但若追究到實相的終極面向，我們就會明白，自己其實無異於佛。我們都有佛性──人人可以是佛。當我們的目光能夠超越知覺所及的時空限制，超越自己對卑微與無能的想法，我們將發現，自己所儲存的精神能量足可以與世界分享。

信任僧團

　　我們應當信任僧團，修行者組成的群體。一群修持正念的人，每日每刻，集體織造正念的能量。每每正念踏出一步，正念呼吸一次，都是在製造佛的能量，保護我們，療癒我們。但如果是個初學者，我們所生出的能量或許還不足以處理自己內在的苦痛。這時候，我們就需要把自己的能量跟群體的能量結合。唯其如此，療癒與轉化才會迅速發生。

企求永恆

觀照人的恐懼，所看到的，無非是人對永恆的企求。人都害怕改變。煩惱、憂懼、不滿，都是因為錯誤的觀念而起，因為有無與有、來與往、起與落的想法才會發生。但若修行觀照，自會發現這些概念都無法對應於實相。一己之本性，終極之層次，是人人都可以領悟的，唯其如此，才可以無懼。了然不生不滅的道理，此生每一當下都是歡喜。

禪修無須正襟危坐

禪修是要了了分明地覺知身體、感受、心理及世界內部所發生的一切。每一天，因飢餓而死亡的兒童多達九千。超級強國所擁有的核子彈頭足以多次毀滅我們的星球。然而，日出如此美麗，今晨牆頭的玫瑰依然盛放。生命既可怕也美妙，修持禪修乃是要領悟這兩個面向。千萬不要以為禪修就得正襟危坐。事實上，禪修若要得其道，我們還得多些微笑才對。

一步一祈禱

　　依佛教的道理，做任何事若都伴隨正念、正定與智慧，就可以視為一次祈禱。喝茶心不在焉，便不是真正活著，因為你的心不在那裡，你既沒有正念也不專注。那一刻不是在修行。

　　正念持杯專注飲茶，宛如執行一項神聖的儀式，那就是在祈禱。行走時，享受踏出去的每一步，步步滋養，步步療癒，則每一步都是祈禱。坐時安穩自在，正念吸氣呼氣，領悟生命的奧妙，那既是禪修也是祈禱。

性慾

人體是美麗的，性慾之為物，兼具美麗與靈性。若無性慾，佛陀便不可能來到世間。心與身本不可分；身之神聖一如心。所以把身體看成消耗品，看成慾望的對象，那就不是真正懂得身體。對身體，應該給予最高的尊崇。理解一個人的身體，才能理解他的心與靈魂。

有更多的時間做重要的事

時間非常珍貴，每一分鐘，每一小時都有價值。我
們不應虛擲時間，而要善用尚未用掉的每一分每一秒。
當我們全心專注於此地此刻，過簡單的生活，才可以有
更多的時間做我們認為重要的事，而不至於把精力浪費
在擔憂煩惱及名聲、權力與財富的追逐上。

法雨

　　聽一席法語，讀一冊法言，目的不是要吸收觀念和想法。事實上，為的是要丟掉觀念和想法。人是不會有了新的觀念和想法，就丟掉舊的。所言與所寫應當有如雨水，深深觸及內在智慧及自由的種子。我們必須要學會諦聽，道理在此。諦聽或朗誦並不是要接受更多的觀念和思想，而是要跳脫觀念和思想。重要的是，你該記住的並不是所言所說，而是要記住，你是自由的。

沒有止境的互動

　　無常的意思是說，連續的兩個時刻絕不會是相同
的，其間一定有東西進來，有東西出去，有輸入，有輸
出。每一事物隨時都在與別的事物互動，因此，領悟了
無常也就了解相即互入。相即互入指的是，你不是一個
獨立的存在，而是與一切事物互為存在。

懶散一天

————————

　　找一天，什麼事情都不做，也就是說，讓自己過個所謂的懶人日。儘管許多人總是習慣於東晃西逛的，但真要他過一天懶人日，那還真難。想要閒得自在，並不是件容易的事。什麼事情都不做時，還能喜樂、放鬆、微笑，那你一定很強。閒著時，我們更能體驗存在的品質，這一點非常重要。所以什麼都不做，其實已經是件有意義的事。我們不妨寫下來，貼在家裡：不做些什麼，是有意義的事。

新聞

靈性的探尋

靈修者探尋所用的工具絕不複雜。他們用的是內在的智慧，他們的一線靈明。一旦放下了執著，放下了觀念與思想，放下了恐懼與瞋恨，我們也就擁有了非常靈光的工具，藉此便可以如實地體驗實相，超越一切的觀念，諸如生死、有無、往來、同異。修行念、定、慧可以淨心，使之成為一件有利的工具，藉此得以深入觀照實相的本質。

311 365 天每日智慧

地獄的定義

對我來說，地獄的定義很間單：一個沒有理解和沒有慈悲的地方。我們全都活在地獄，熟悉地獄的熾熱，知道地獄欠缺慈悲。一旦有了慈悲，地獄也就不再是地獄。

慈悲人人本有，無須外求。只要帶來一點點的慈悲，一點點的理解，這裡也就不再是地獄。菩薩便是如此，你也可以做到。說到修行，無非就是生起慈悲與理解，並將之帶入地獄。地獄就在此間，在我們的四周。地獄也在我們的內裡，有如一顆種子。我們應當培養自己內在的善種子，才能生出理解與慈悲的能量，使地獄得以轉變。地獄就在日常生活，一如上帝之國。選擇則在於你。

兩種糾結

人有兩種糾結。其一，是觀念和想法。每個人都有觀念和想法，把自己綁得緊緊的，以致失去了自由，沒有機會去探觸生命的真相。其二，是恐懼、嗔怒、偏見、失望和傲慢所生出的苦楚。若為自由故，所有這一切都應當移除。

最值得培養的好習慣

正念之為一種修行，可以令人歡喜，而不是要為人生帶來更多的磨難。修行並非苦工，而是令人歡喜的事。歡喜可以成為一種習慣。我們當中有些人只有受苦的習慣。另有一些人卻培養了微笑和喜樂的習慣。喜樂是最值得培養的好東西。所以務必要歡喜行走，歡喜靜坐。為我們自己，為我們的先人、父母、朋友、所愛，以及所謂的「敵人」，歡喜坐歡喜走。

參零貳

無念

修行觀照時可以發現，自己對身和心的看法其實都不對。我們應當修無念。「無念」，並不是說不思不想，而是說要超越觀念，要跳脫我是恆常不變及獨立存在的觀念。

一旦能夠放下心中諸念，那就是覺悟。「無念」也可以說是「空」。能夠看見本來一切皆空的空性，就是達到了無念的境界。覺悟不在遠，就在一念之間。中國有句俗諺說得好：「放下心念，即是菩提樹。」

參零參

銀河

　　銀河之為銀河，不待其自言：「我是銀河。」事實上，生命就是奇妙的實存。人人都是奇妙的實存。每個人當下都有一盞明燈，照見萬物的自性。

提醒

在法國梅村時，每當電話鈴聲響起，大家便開始正念呼吸。所以鈴聲是幫助我們修行的朋友。

你若在電腦上工作，十分投入，有時候甚至會忘了自己還活著。所以何不在電腦上設定程式，讓它每十五分鐘響一次鈴，讓你回到你自己，微笑，呼吸一會兒，再回去工作。我們有許多朋友都是這樣。鈴聲提醒你回到你自己，享受調息，這樣的休息，挺好的。

與恐懼同坐

佛陀教導我們，不要逃避自己的恐懼，要把恐懼攤開來，審視它。大部分人都只想掩蓋恐懼，不敢直視恐懼。佛陀則不教人逃避或視而不見，而是要人把把恐懼的種子請出來，承認它的存在，正念擁抱它。

與恐懼同坐，而不是將之推開或埋葬，才能將之加以轉化。這道理可以用於一切恐懼，無論大小。千萬不要勸自己說用不著害怕，也不要想去跟它對抗或征服它。日子一久，自會發現，恐懼再來時，它又小了一些。

一生中最美好的時刻

如果有人問：「你一生中最美好的時刻來過了沒？」答案通常都是：很快就要了。但我們若是活得一成不變，那可能永遠都不會來了。重要的是，我們應當把現下這一刻轉變成為最美妙的一刻。怎麼做呢？停止追逐未來，停止煩惱過去，停止算計太多。你是一個自由人，你活著。睜開眼睛，享受陽光、藍天和周遭活潑的孩子們。有意識地吸氣呼氣，讓自己展現最美的元素——平靜、清新、充實、澄澈而自在，自能把當下此刻活出一生中最美好的一刻。

三界

　　當心中升起欲望，就是處在欲界；當怒氣升起，就是處在色界；當猜疑升起，則是處在無色界。三界是由貪、嗔、癡所構成。但當心中升起悲憫、愛和諒解，便不再處於三界，而是身在淨土。無須汽油或機票，人人可以抵達。

坐如山

靜坐，僅只入息出息，便可生出力量、專注和清明。因此，坐要如山。風不會把山吹倒。

聽法

　　聽法也是一種修行。聽人說法,當坐得平和、放
鬆、自在,千萬不可使勁用力。敞開自己,任法語滲
透,一如雨水之浸潤土壤。切勿以理智接法。理智就像
一塊覆蓋土壤的塑膠布,使法雨無法浸透存有的土壤。
存有的土壤含有許多種子,需要雨水的浸透。所以不要
只用理智。不要比較,不要分別。只要敞開接住法雨,
任其浸透。

愛在當下

　　要愛，就必須來到當下。這是一定要的。還好，來到當下並不是什麼難事，吸氣呼氣，放下思慮和心事便足夠了。只要回歸自己，專注於呼吸，還有微笑。來到當下，身心合一。活在當下才是完全活著，是一項奇蹟。

撫慰的泉源

服侍臨終者,應當修持堅毅與無畏。我們必須做到安穩無畏,才能使別人平靜往生。如何觸及實相的終極面向,了然不生不滅,一旦領悟箇中三昧,便可以超越恐懼。能夠做到這一點,當我們與臨終者同坐,對他們來說,我們便是撫慰與靈感的泉源。

無非開悟

煩惱無非菩提。明乎此，人人可以平靜乘坐於生與死的浪頭。駕慈悲之舟，可以笑渡迷惑之重洋，從容無畏。了然於相即互有，可以在垃圾中見到花朵，於花朵中見到垃圾。正因為生在這塊苦痛地，活在這個煩惱國，才能夠觀想開悟與福祉。正因為生於汙泥，蓮花才見成長與開花。

一日之始

一日二十四小時，是天賜的大禮。所以應當學會如何過日子，使歡喜與幸福成為可能。我們都做得到的。我的一日之始，隨著呼吸奉上清香一炷，並在心裡對自己說，這一天定要過得充實，更信誓旦旦，定要每一刻都活得美好、安穩、自在。所有這些只花了我三四分鐘，卻給我極大的喜樂。

清晨醒來，你也可以依樣畫葫蘆。吸氣，告訴自己又得到了新的一天，腳踏實地過這一天。

融化知識之冰

以佛教來說，知識通常被視為理解的障礙，有如冰之阻塞水之流動。根據此一看法，如果把一事物當成真理並執著不放，縱使真理本身真的現身並前來叩門，我們也不會為它開門。事物自會揭露自身，我們該做的，就是放棄我們對它們的認知。

觀身如身

　　幫助我們觀照所觀察的對象，佛陀有一個特別的法門。他說，若要求得了解，就應當設身處地做你想要了解的那個人。《大念處經》從佛陀時代起即為禪修的基本功課，是這樣說的：「修行者當觀身如身，觀受如受，觀心如心，觀法如法。」

　　話說得再清楚不過了。「觀身如身」的疊句，不只是要強調其重要性而已。「觀身如身」的意思是，若要觀察某一事物，不可以站在它的外面做觀察，而要與之合為一體，觀者與被觀者無有區別。「觀身如身」的意思是，不要把身體看作是你所觀的對象，而要與之合為一體。意思很明白了。佛教禪修的關鍵詞，不二而已。

無畏之笑

由於菩薩無有恐怖，所以能解眾生之苦。對於自己的所愛，無畏是我們所能給予的最貴重禮物，其可貴超出一切。但若自己並不擁有，那就無從給予了。但若透過修行，證悟實相的終極面向，我們便也能夠如同眾菩薩那樣地無畏含笑，並和他們一樣，不再逃避苦惱，無須另闢蹊徑證悟。我們明白，煩惱即是菩提。心若迷亂，所見唯有苦惱。但若擁有一顆真實心，苦惱從此不再。唯有開悟，了然於相即互有的本質，生與死便不再可畏。

切莫灌溉苦惱種子

　　我們動怒時，對孩子說了重話，那是在灌溉孩子的苦惱種子；若孩子反彈，那便是他在灌溉我們的苦惱種子。這樣的生活只會升高並強化我們的苦惱。在正念中沉靜地出入息，可以觀照自己的各種苦惱，這樣一來，對我們的先人、文化與社會也會開始有所理解。明白這個道理，回過頭來才能夠毫無怨尤地以愛與慈悲服務人群。因為有了這樣的領悟，我們才能開展真正的和平與調解。

慷慨

　　真正的慷慨不是交易或談判的策略。真正的施，心中並無施者與受者。這就是所謂的「施空」，這中間，絲毫不見施者與受者二分的想法。

　　這種慷慨完全是出於精神的智慧，是對相即互有的理解。施予援手，有如呼吸般自由，心中沒有自己這個施者，也沒有受慷慨之施的受者，但受者銘感在心，對施者定然思有所報，不負所求。而施者無心，卻使人心悅誠服。看到有人需要幫助，你給予，你分享，不帶一絲條件，完全未思回報。

存在即是行動

前庭的那棵樹，看起來什麼都沒做，立在那兒，生機勃發而美麗，大家卻都受它的益處。那就是存在的奇蹟。要是樹之為樹少了些什麼，我們大家可就有麻煩了。但只要一株樹就是一株樹，不多也不少，就有希望與喜樂。所以只要你能夠做你自己，這已是一種行動。行動建基於無行動；存在已是一種行動。

枯骨

尋找慧見，不在經文、論述或法談。尋找解脫與覺照，不在致力於佛經的研究。這樣做，無異是在枯骨中尋找清水。回歸當下，用自己那一顆清明的心，活在此地此刻，便可以了悟解脫與覺醒，如同佛陀與眾弟子之活在當下實境。

用心早餐

吃早餐時，就算只是一大早的幾小口，也要吃得自在。正吃著時，不要想未來，不要想等下要做的事，好好吃你的早餐就對了。早餐為你而在，你也要為早餐而在，歡喜自在咀嚼每一口食物。

定樂

在定中才體驗得到真正的喜樂。行走時，百分之百
專注，從每一個腳步中得到的歡喜，將遠遠大過心不在
焉所能得到樂趣。自己的身心百分之百投入走路的動
作，活著，以及在這星球上邁步，都將會是奇蹟的體
驗。

神的國就在當下

神的國不只是一個想像，而是一個在日常生活中可以觸及的實境。神的國稍縱即逝，每個人都有能力觸及——不僅用我們的心可以，用我們的腳也可以。正念的能量就可以幫助你做到這一點。正念踏出一步，神的國就在腳下。

危險的觀念

死的觀念，無的觀念，都很危險。這些觀念讓人痛苦。在佛教的教導中，無只是一個概念，根本與實相不相應。

337

365 天每日智慧

不要太費力

　　有些人做得多，製造的麻煩也多，想幫忙，卻越幫越忙，儘管是出於一片好意。於是他們不平安也不喜樂。最好還是不要太過費力，就只是在那兒就好了。唯有這樣，時時刻刻才有平安與慈悲。能做到這一點，所言所行皆管用。

一視同仁

真愛不擇人。若有真愛,便照亮有如一燈,不會只
照亮屋裡的某一個人,而是普照屋裡的每一個人。心中
若有真愛,周遭所有的人都受益,而且不僅是人類而
已,動物、植物、礦物亦然。愛,真愛,便是如此。真
愛一視同仁。

珍惜上天所賜的時間

當我們為行走而行走，為坐而坐，為喝茶而喝茶，便不是為別的目的或別的人而做。這樣做起來會很開心。

這就是在修持無作。這樣做時，是在療癒自己，也有助於療癒世界。覺悟指的就是了然於這一真理——你想要知道，如何以簡單的方式得以歡喜享受並活得深刻，而且不再浪費任何時間。珍惜上天所賜的時間。

無論身在何處

譬如說，你正排隊等候影印一些工作上要用的東西，或等著要和同事談事情，或許外出用餐，或排隊取用咖啡或茶，你照樣可以修行正念呼吸，全心全意享受自己以及周遭人的存在。禪修可以非常隨興。

一個新節日

許多重大的日子我們都有節日：聖誕節、新年、母親節、父親節，甚至地球日。但我們能夠一整天都歡喜活在當下的一天，為什麼不也好好慶祝一下呢？我倒是很想訂一個「今日節」，一個致力於探觸大地，探觸天空，探觸樹木，探觸當下可得平安的節日。

愛的雙人組

初戀時，覺得自己心有所屬，那還不是真愛。真愛指的是慈愛與慈悲，是那種沒有任何條件的愛。你們不妨組成一個修持愛的雙人組——照顧彼此，幫助伴侶成長，為這個小小的組合製造真正的喜樂。彼此相愛，學習為另一半製造幸福的藝術，從這裡出發，就可以學會向全體人類與一切存有表達自己的愛。

四聖諦

　　依我看，人們接受四聖諦的教導時，一聽到苦，心
裡難免會認為，佛教所談的就只有苦，卻不知道，第三
聖諦講的是樂。有苦，就有致苦的道。但也有苦滅，亦
即樂，有致樂的道。

　　我們或許也可以把第三及第四聖諦放到前面來。第
一聖諦是樂，第二聖諦是致樂的道，然後是第三聖諦
苦，第四則是致苦的因。

映照於心

一切事物──樹、風、鳥雀、山岳,心內身外的所有一切──皆願投影於我們的心中。哪裡都不必去,我們就可以得見實相;只需要平靜下來,萬物自會在我們心中平靜的水面揭露自身。

認清負面能量

習染不斷想要衝出來，但若維持正念，就可以覺照這種負面能量。習染不論是先人和父母傳下來的，還是自己小時候養成的，正念都可以幫助我們覺照它們。很多時候，光只要覺照這些習染，就可以將它們削弱。

真正的師父

開悟的能力並不是別人可以給的。師父能做的,頂
多只是把你內心使你無法開悟的障礙移除,讓啟示得以
揭露。唯有深信美、善以及真正的師父自在你的心裡,
得其庇蔭,修行得法,所有這些特質自會逐日明朗。

因緣相應

　　佛陀開示：「此有故，彼有。」懂嗎？因為你笑了，所以我快樂。此有故，彼有。彼有故，此有。這就是所謂的「緣起」。

突然間又活了過來

　　有許多人，迷失在未來的憂慮及過去的懊悔中，陷在自己的臆想及錯覺中，無法跳脫，以致心脫離了身。身心如果沒有合一，便不是真正活著。正念行走與正念呼吸則可以讓心回歸於身，使人真正活在此地此刻，那才是真正活著。修持正念可以是一種重生：突然間又活了過來。

疼痛與緊張

　　修持呼吸，可以產生正念能量。用這種能量覺知身體的疼痛與緊張，便是在溫柔擁抱自己的身體，任何緊張都可以因此而釋放。我們有許多人在身體裡面累積了大量的緊張與壓力，繃得太緊。這時候，我們就該回歸身體這個家。任何時候，無論坐著、躺著、站著或行走都可以。

止的藝術

修行就是要培養足夠的力量以有效面對問題。要做到這一點，就必須平靜、清明、安穩。所以我們才需要修持止的藝術。學會了止，就會更為平靜，心也會更為清明，有如泥沙沉澱後的一汪清水。

安坐蓮花

佛陀坐在蓮花上的畫像比比皆是。座上的佛陀，祥和十分，安穩十分。如果我們能夠安坐當下，不管在哪裡，我們也是安坐蓮花。

擁抱禪

擁抱禪是東方與西方的合璧。修行這項禪修，就是擁抱一個人時要全心地擁抱，定要讓對方在你懷中感到扎實。你大可不必裝模作樣，在對方背上拍個兩三下，假裝自己是真心的。因為你的確是真心的，所以用不著裝。擁抱時，有意識地呼吸，用全身、全心、全副精神擁抱。「吸氣，我知道自己親愛的人在我懷裡，活生生的。呼氣，對我，他珍貴無比。」抱著他，出入息三個回合，在你懷中，對方變得真實，你自己也變得真實。

形與色的樂園

你大可以時時刻刻都像是活在神的國度裡。這絕不只是一個希望，也不是一個保證未來幸福的承諾，而是一個可以實現的現實。一個小時的正念修行，甚至十五分鐘，你就可以證明正念是行得通的，生命是真實的。落日的絢麗、鳥雀的鳴唱、湛藍的天空，一切俱在。形與色的樂園唾手可得。

一個錯誤的想法

　　許多人以為，若要避苦，就要棄樂，並說這是「超越苦和樂」。但這是不對的。對於痛苦，如果能夠認清接納且不逃避，自會發現，痛苦雖然存在，喜樂亦然。如果連一點喜樂都不曾體驗過，面對絕對的喜樂時便將不知如何自處。千萬不要自陷於痛苦乃是幻覺，以及人必須「超越」苦樂這樣的理論或觀念，而要守住現下發生的一切，才能了然於痛苦的本質及喜樂的本質。

你無所不包

我們每個人都是人類這塊園地裡一朵神奇的花。如果觀照自己，就可以看見，自己擁有一切。如惠特曼（Walt Whitman）所說：「我巨大，我無所不包。」這也是佛教的洞見：一包含全體。修持觀照，便會發現此一真理，相即互有之祕：一包含全體。

珍惜所愛

一旦明白自己所愛的人竟屬無常，我們便會更加珍惜。因為無常，我們看重自己心內身外的每一時刻與一切珍貴的事物。修行無常正念，我們會更為清明，更有愛心。

食於靜默

食於靜默，即使只是幾分鐘，是非常重要的修行。
這樣一來，可以避免分心，使我們能夠真正領略食物。
心念容易散亂，一邊說話，同時又要誠心用食，其實非
常困難。因此，最初的五或十分鐘，食於靜默，非常重
要。

區隔

是什麼把我們區隔的？是標籤。是字眼，如以色列、巴勒斯坦、佛教徒、猶太教徒、穆斯林。我們一聽到一個這樣的字眼，馬上浮現一幅形象，立刻產生非我族類的疏離感。我們建立了許多習慣性的思考模式，區隔自己與別人，結果彼此都受苦。

執著於這種觀念與形象，便無法認清大家本來都是人類的事實。層層剝掉這些標籤，還人類一個本來面目，才會有真正的和平。

菩薩將回報以微笑

修習行禪，即使只是數日，就會發生顯著的轉變，
便會懂得如何享受生命中每一刻的平安。我們將微笑，
宇宙間無數菩薩也將回報以微笑，因為我們的平安無遠
弗屆。我們的所思所感所做，每一件事都會影響我們的
先人及未來世代並傳遍世界。

不是哲學

許多哲學家如赫拉克利特（Heraclitus）及孔子都談過無常。但佛陀講的無常不是哲學，而是修行觀照的一項利器，是一支打開實相之門的鑰匙。實相者，相即互入、無我及空的根本。所以無常不是一種觀念、理論或哲學，而是佛陀給我們的一項利器，方便我們修觀照，藉以發現實相的真正本質。

互為滋養

　　我們當謹記，出生之前，你都是接受母親的滋養。
但若觀照則可發現，在此同時，你也在滋養著母親。由
於你存在於她體內，她的身體起了變化並增大。她或許
會比較累或覺得不舒服，但在此同時，卻笑得更多，更
熱愛生命。

善與美常在我心

美與善永遠都在每個人的心中。這是佛的基本教導。一個真正師父，一個真正的靈修師父，會鼓勵我們觀照自己去找到想要追求的美與愛。真正的師父幫助我們找到自己內在的師父。

他們自會散發光輝

修持正念，便會接觸到自己生命內外的清明與喜樂，但我們若活在失念中，這些便都無法接觸到。正念使一切事物，諸如我們的眼睛、我們的心、美麗的月亮、樹木，全都更動人、更美好。一切原本美好，我們若以正念與之接觸，他們自會散發光輝。

沒有敵人，沒有救星

如果能夠超越我與無我這些觀念，對於我與無我這些字眼，也就無所忌諱了。但若把我看成敵人，認為無我才是救星，那就是執著。我們總是排斥彼接納此；但若了解在乎「我」無非就是在乎「無我」，明白這個道理，我們也就超越了，不再排斥另類。

何必趕著去墳墓

　　對我們來說，實在沒有必要趕東趕西的。大家都知道，每個人最終的目的地都是墳場，何必匆匆趕去那裡？為何不朝著當下 ——生命之所在—— 的方向邁步呢？

愛的能量

　　佛陀的教導是要幫助我們產生愛與理解的能量。一旦有了這種能量，最重要的是幫助我們滿足被愛的需要，然後加上愛與理解，我們就能夠容受所有目前與我們相處的人，喜樂自己的同時，也使他們喜樂。

你的痛苦需要你照顧

回去吧,去照顧你自己。你的身體需要你照顧,感受需要你照顧,知覺需要你照顧,痛苦也等著要你去承認接納。回去吧,為所有這些事情回到那兒去。

佛法的最高層次

有與無都只是概念，其間的差別在於顯與不顯而已，至於關鍵則在於我們的知覺。如果覺知得夠深，能夠觀照生命，就可以超越所有這一類的概念，如有與無、生與滅。這是佛法的最高層次。我們因受苦而尋求解脫，卻不知道，唯有證悟不生不滅的本質，才能得到的最大的解脫。

步行

　　步行再簡單不過，只是一腳先於另一腳踏出而已，許多人卻總覺得困難又無聊，才不過幾條街，為了「節省時間」也要開車，就是不願意走那幾步。但若理解身與心的相互關聯性，步行這個簡單的動作，其實是最讓人覺得方便又歡喜的，佛陀就是如此。

快樂的理由

　　快樂的理由實在太多了。大地對我們充滿著愛與包容。不論什麼時候，看見我們受苦，她便維護我們。有了大地的庇護，我們可以無所畏懼，甚至死亡。正念行走於大地，樹木、花草、陽光都是我們的滋養。接觸大地是極為深刻的修持，可以恢復平靜和喜樂。

家人共餐

　　每個家庭，每天至少聚在一起吃一餐飯，並把這餐飯當作一次正念修行，深切體認能夠聚在一起的幸運。坐下後，望著彼此，行正念呼吸，相視微笑數秒。這項修行可以產生奇蹟，可以使自己活出真實，也可以使同桌的其他人活出真實。

觀念的俘虜

佛陀給了工具,讓我們拿掉觀念和想法,直探實相。即使是佛教的觀念和想法,如果還繼續執著,就會錯失機會,無異於把渡船扛在肩上。所以千萬不要成為任何教條與意識型態的俘虜,即使是佛教的。

獻花於佛陀

　　花謝了，沒有人哭泣。因為大家都明白那是無常。如果修行得法，懂得無常的本質，便可以少受苦，也更懂得享受生命。因為如果明白一切都是無常，便會更珍惜眼前的一切。無常並非消極。有些佛教徒認為，由於一切無常，所以也沒有什麼好享受的，總以為解脫就是要擺脫一切，不再享受任何東西。但當我們獻花於佛陀時，我相信，佛陀見花之美，同樣也會欣賞陶醉吧。

大哥，大姊

　　善要照顧惡，應該像大哥照顧小弟，大姊照顧小妹
——以極大的溫柔，以不二的精神。懂得這一點，心中
可以得大平安。

快樂何必等？

今天的社會，快樂的條件雖然已經具備，很多人卻
不快樂。只因為受到了習氣的驅使，便失去了此時此地
就可以得著的快樂。但是，只要一點點的訓練，在這種
力量來的時候，我們全都可以學會認出它來。快樂又何
必等呢？

禪修的精髓

修禪的人都知道,禪修的精髓就是活在當下,於自
己、於一切所愛、於生命。

參陸伍

脫胎換骨

───────────

　　覺悟吧！讓覺性開展的時刻來臨。修行就是拯救自
己──是脫胎換骨。

一行禪師｜真正的家　　　　　　　　　　　　　　　378

內容簡介

西方最具影響力的佛教導師　一行禪師的入世智慧

佛的住址是「此地此刻」

　　學佛不苦，因為佛陀把禪修傳給了世人，教人從苦中滋養慈悲，從生活中修持佛性。一行禪師提醒我們：正念修行不是逃避，也不是遁世，而是活潑潑地進入生命，是一種不受時間限制的入世修行，每個人都做得到。

　　這正是本書的核心思想之一：活在當下，不要讓自己迷失在過去或將來的迷思中。活好每一個當下，便是為更好的將來打基礎，為已逝的過去尋求解脫，也能引導我們回歸內心真正的家，「當下」即是回家的坦途。

佛就是呼吸，佛就是行走

　　本書是一行禪師針對禪修所給予的開示，對正念靜坐、呼吸與行走等修持多所提點，傳授人人可立刻做到的方法與心訣，引導我們把禪修之心落實到日常生活，因為，生活就是修行最好的道場，即使只是品嘗一瓣橘子，也能盡得天地的精華，端看你是否能以修持之心體會萬物的存有。

　　書中各文篇幅雖短小，但其背後隱藏著深厚的佛理論據，足以解釋世間萬物起落，苦樂興衰。宗教的真知灼見不一定複雜難解，也無須千言萬語才能說明，往往越是簡單的話語，越是雋永義深，耐人尋味。

　　一行禪師以溫柔的力量，將真如實相抽絲剝繭，示現在我們眼前，也將佛教及人生的精要盡現書中，每一則都值得細細品味，反覆思量。依循禪師的指引，加上一點點的修行，就能創造自身的正念能量，有如在心中點亮一盞明燈，一生受用。

作者簡介

一行禪師 Thich Nhat Hanh

世界知名的禪僧、詩人以及和平運動家，曾獲諾貝爾和平獎之提名。出生於越南，1966年被迫流亡海外後，長居法國一所僧院——梅村。禪師也在紐約、加州、密西西比、德國、泰國、香港及澳洲等地成立修習中心，並活躍遊走於北美洲、歐洲及亞洲，與各種不同背景的人分享正念生活的藝術。2022年於越南順化慈孝寺圓寂，享耆壽95歲。禪師著作等身，包括暢銷書《正念的奇蹟》（*The Miracle of Mindfulness*）、《橘子禪》（*Peace Is Every Step*）、《你可以不生氣》（*Anger*）及《活的佛陀，活的基督》（*Living Buddha, Living Christ*）、《馴服內在之虎》（*Taming the Tiger Within*）。更多資訊請參見www.plumvillage.org

譯者簡介

鄧伯宸

　　成功大學外文系畢業，曾任報社翻譯、主筆、副總編輯、總經理，獲中國時報文學獎附設胡適百歲誕辰紀念徵文優等獎。

　　譯作有《影子大地》、《孤獨的聆賞者》、《族群》、《綠色全球宣言》、《邱吉爾的黑狗》、《換一種角度看美》、《舊歐洲、新歐洲、核心歐洲》、《生活之道》、《男子氣概》、《德蕾莎修女教我的事》、《哭泣的橄欖樹》、《塔利班與女裁縫》、《印度美麗與詛咒》、《慢‧慢‧慢》、《普魯斯特的個人書房》（以上皆由立緒文化出版）。

提倡簡單生活的人肯定會贊同畢卡索所說的話：「藝術就是剔除那些累贅之物。」

小即是美
一本把人當回事的經濟學著作
E. F. Schumacher ◎著

中時開卷版一周好書榜
ISBN: 978-986-360-142-5
定價：350元

少即是多
擁有更少 過得更好
Goldian Vandn Broeck◎著

ISBN:978-986-360-129-6
定價：390元

簡樸
世紀末生活革命
新文明的挑戰
Duane Elgin ◎著

ISBN:978-986-7416-94-0
定價：250元

靜觀潮落:簡單富足/
生活美學日記
寧靜愉悅的生活美學日記
Sarah Ban Breathnach ◎著

ISBN: 978-986-6513-08-4
定價：450元

美好生活
我們反對財利累積，
反對不事生產者不勞而獲。
我們不要編制階層和強制權威，
而希望代之以對生命的尊重。
Helen & Scott Nearing ◎著

ISBN:978-986-360-202-6
定價：400元

倡導純樸，
並不否認唯美，
反而因為擺脫了
人為的累贅事物，
而使唯美大放異彩。

中時開卷版一周好書榜

德蕾莎修女：
一條簡單的道路
和別人一起分享，
和一無所有的人一起分享，
檢視自己實際的需要，
毋須多求。
ISBN:978-986-360-204-0
定價：280元

115歲, 有愛不老
一百年有多長呢？
她創造了生命的無限
可能
27歲上小學
47歲學護理
67歲獨立創辦養老病院
69歲學瑜珈
100歲更用功學中文……

宋芳綺◎著
中央日報書評推薦

ISBN:978-986-6513-38-1
定價：280元

許哲與德蕾莎
修女在新加坡

國家圖書館出版品預行編目(CIP)資料

真正的家：365天每日智慧/一行禪師(Thich Nhat Hanh)著；
鄧伯宸譯 -- 二版 -- 新北市：立緒文化事業有限公司, 民113.06
384 面；13×21 公分. -- (新世紀叢書)
譯自：Your True Home : The Everyday Wisdom of Thich Nhat Hanh

ISBN 978-986-360-227-9（平裝）

1. 禪宗 2. 佛教修持

226.65   113007602

真正的家：365 天每日智慧（2024 年版）

Your True Home : The Everyday Wisdom of Thich Nhat Hanh

出版 —— 立緒文化事業有限公司
　　　　（於中華民國 84 年元月由郝碧蓮、鍾惠民創辦）
作者 —— 一行禪師（Thich Nhat Hanh）
主編 —— 馬文麥克里（Melvin McLeod）
譯者 —— 鄧伯宸

發行人 —— 郝碧蓮
顧問 —— 鍾惠民

地址 —— 新北市新店區中央六街 62 號 1 樓
電話 —— (02) 2219-2173
傳真 —— (02) 2219-4998
E-mail Address —— service@ncp.com.tw
劃撥帳號 —— 1839142-0 號 立緒文化事業有限公司帳戶
行政院新聞局局版臺業字第 6426 號

總經銷 —— 大和書報圖書股份有限公司
電話 —— (02) 8990-2588
傳真 —— (02) 2290-1658
地址 —— 新北市新莊區五工五路 2 號
排版 —— 伊甸社會福利基金會附設電腦排版
印刷 —— 尖端數位印刷股份有限公司

法律顧問 —— 敦旭法律事務所吳展旭律師
版權所有‧翻印必究
分類號碼 ——226.65
ISBN—— 978-986-360-227-9
出版日期 —— 中華民國 102 年 5 月～104 年 12 月初版 一～四刷（1～4,200）
　　　　　　中華民國 113 年 6 月二版 一刷（1～1,000）

定價◎ 400 元（平裝）